LA COMIDA ASIÁTICA 2022

RECETAS AUTÉNTICAS, TRADICIONALES Y RÁPIDAS

AMANDA LI

Tabla de contenido

Pollo escalfado con tomates

Para 4 personas

4 porciones de pollo

4 tomates, sin piel y en cuartos

15 ml / 1 cucharada de vino de arroz o jerez seco

15 ml / 1 cucharada de aceite de cacahuete

sal

Coloque el pollo en una sartén y cúbralo con agua fría. Llevar a ebullición, tapar y cocinar a fuego lento durante 20 minutos. Agregue los tomates, el vino o el jerez, el aceite y la sal, tape y cocine a fuego lento durante 10 minutos más hasta que el pollo esté cocido. Coloque el pollo en un plato para servir calentado y córtelo en trozos para servir. Vuelva a calentar la salsa y vierta sobre el pollo para servir.

Pollo y Tomates con Salsa de Frijoles Negros

Para 4 personas

45 ml / 3 cucharadas de aceite de maní (maní)

1 diente de ajo machacado

45 ml / 3 cucharadas de salsa de frijoles negros

225 g / 8 oz de pollo, cortado en cubitos

15 ml / 1 cucharada de vino de arroz o jerez seco

5 ml / 1 cucharadita de azúcar

15 ml / 1 cucharada de salsa de soja

90 ml / 6 cucharadas de caldo de pollo

3 tomates, sin piel y en cuartos

10 ml / 2 cucharaditas de harina de maíz (maicena)

45 ml / 3 cucharadas de agua

Calentar el aceite y sofreír los ajos durante 30 segundos. Agregue la salsa de frijoles negros y fría por 30 segundos luego agregue el pollo y revuelva hasta que esté bien cubierto de aceite. Agregue el vino o jerez, el azúcar, la salsa de soja y el caldo, lleve a ebullición, tape y cocine a fuego lento durante unos 5 minutos hasta que el pollo esté cocido. Mezcle la harina de maíz y el agua hasta obtener una pasta, revuélvala en la sartén y cocine a fuego lento, revolviendo, hasta que la salsa se aclare y espese.

Para 4 personas

1 clara de huevo

50 g / 2 oz de harina de maíz (maicena)

225 g / 8 oz de pechugas de pollo, cortadas en tiras

75 ml / 5 cucharadas de aceite de maní (maní)

200 g / 7 oz de brotes de bambú, cortados en tiras

50 g / 2 oz de brotes de soja

1 pimiento verde cortado en tiritas

3 cebolletas (cebolletas), en rodajas

1 rodaja de raíz de jengibre, picada

1 diente de ajo picado

15 ml / 1 cucharada de vino de arroz o jerez seco

Batir la clara de huevo y la maicena y sumergir las tiras de pollo en la mezcla. Calienta el aceite a moderadamente caliente y fríe el pollo por unos minutos hasta que esté cocido. Retirar de la sartén y escurrir bien. Agregue los brotes de bambú, los brotes de soja, el pimiento, la cebolla, el jengibre y el ajo a la sartén y saltee durante 3 minutos. Agrega el vino o jerez y regresa el pollo a la sartén. Revuelva bien y caliente antes de servir.

Pollo con nueces

Para 4 personas

45 ml / 3 cucharadas de aceite de maní (maní)

2 cebolletas (cebolletas), picadas

1 rodaja de raíz de jengibre, picada

450 g / 1 libra de pechuga de pollo, en rodajas muy finas

50 g / 2 oz de jamón, desmenuzado

30 ml / 2 cucharadas de salsa de soja

30 ml / 2 cucharadas de vino de arroz o jerez seco

5 ml / 1 cucharadita de azúcar

5 ml / 1 cucharadita de sal

100 g / 4 oz / 1 taza de nueces, picadas

Calentar el aceite y sofreír las cebollas y el jengibre durante 1 minuto. Agrega el pollo y el jamón y sofríe durante 5 minutos hasta que estén casi cocidos. Agrega la salsa de soja, el vino o jerez, el azúcar y la sal y sofríe durante 3 minutos. Agrega las nueces y sofríe durante 1 minuto hasta que los ingredientes estén bien mezclados.

Pollo con Nueces

Para 4 personas

100 g / 4 oz / 1 taza de nueces sin cáscara, cortadas por la mitad

aceite para freír

45 ml / 3 cucharadas de aceite de maní (maní)

2 rodajas de raíz de jengibre, picadas

225 g / 8 oz de pollo, cortado en cubitos

100 g / 4 oz de brotes de bambú, en rodajas

75 ml / 5 cucharadas de caldo de pollo

Preparar las nueces, calentar el aceite y freír las nueces hasta que estén doradas y escurrir bien. Calentar el aceite de cacahuete y freír el jengibre durante 30 segundos. Agrega el pollo y sofríe hasta que esté ligeramente dorado. Agregue los ingredientes restantes, lleve a ebullición y cocine a fuego lento, revolviendo, hasta que el pollo esté cocido.

Pollo con Castañas de Agua

Para 4 personas

45 ml / 3 cucharadas de aceite de maní (maní)

2 dientes de ajo machacados

2 cebolletas (cebolletas), picadas

1 rodaja de raíz de jengibre, picada

225 g / 8 oz de pechuga de pollo, cortada en rodajas

100 g / 4 oz de castañas de agua, cortadas en rodajas

45 ml / 3 cucharadas de salsa de soja

15 ml / 1 cucharada de vino de arroz o jerez seco

5 ml / 1 cucharadita de harina de maíz (maicena)

Calentar el aceite y sofreír el ajo, las cebolletas y el jengibre hasta que estén ligeramente dorados. Agrega el pollo y sofríe durante 5 minutos. Agrega las castañas de agua y sofríe durante 3 minutos. Agregue la salsa de soja, el vino o el jerez y la harina de maíz y saltee durante unos 5 minutos hasta que el pollo esté bien cocido.

Pollo Salado con Castañas de Agua

Para 4 personas

30 ml / 2 cucharadas de aceite de cacahuete

4 trozos de pollo

3 cebolletas (cebolletas), picadas

2 dientes de ajo machacados

1 rodaja de raíz de jengibre, picada

250 ml / 8 fl oz / 1 taza de salsa de soja

30 ml / 2 cucharadas de vino de arroz o jerez seco

30 ml / 2 cucharadas de azúcar morena

5 ml / 1 cucharadita de sal

375 ml / 13 fl oz / 1¼ tazas de agua

225 g / 8 oz de castañas de agua, en rodajas

15 ml / 1 cucharada de harina de maíz (maicena)

Calentar el aceite y freír los trozos de pollo hasta que estén dorados. Agrega las cebolletas, el ajo y el jengibre y sofríe durante 2 minutos. Agregue la salsa de soja, el vino o el jerez, el azúcar y la sal y revuelva bien. Agrega el agua y lleva a ebullición, tapa y cocina a fuego lento durante 20 minutos. Añadir las castañas de agua, tapar y cocinar 20 minutos más. Mezcle la harina de maíz con un poco de agua, revuélvala con la salsa y cocine a fuego lento, revolviendo, hasta que la salsa se aclare y espese.

Wonton de pollo

Para 4 personas

4 hongos chinos secos

450 g / 1 lb de pechuga de pollo, desmenuzada

225 g / 8 oz de verduras mixtas, picadas

1 cebolla tierna (cebolleta), picada

15 ml / 1 cucharada de salsa de soja

2,5 ml / ½ cucharadita de sal

40 pieles de wonton

1 huevo batido

Remojar los champiñones en agua tibia durante 30 minutos y luego escurrir. Desechar los tallos y picar las tapas. Mezclar con el pollo, las verduras, la salsa de soja y la sal.

Para doblar los wonton, sostén la piel en la palma de tu mano izquierda y coloca un poco de relleno en el centro. Humedece los bordes con huevo y dobla la piel en triángulo, sellando los bordes. Humedece las esquinas con huevo y retuerce.

Pon a hervir una cacerola con agua. Agregue los wontons y cocine a fuego lento durante unos 10 minutos hasta que floten hacia la parte superior.

Alitas de pollo crujientes

Para 4 personas

900 g / 2 lb de alitas de pollo

60 ml / 4 cucharadas de vino de arroz o jerez seco

60 ml / 4 cucharadas de salsa de soja

50 g / 2 oz / ½ taza de harina de maíz (maicena)

aceite de cacahuete para freír

Coloca las alitas de pollo en un bol. Mezcle los ingredientes restantes y vierta sobre las alitas de pollo, revolviendo bien para que se cubran con la salsa. Tapar y dejar reposar 30 minutos. Calienta el aceite y fríe el pollo de a pocos a la vez hasta que esté bien cocido y marrón oscuro. Escurrir bien sobre papel de cocina y mantener caliente mientras se fríe el pollo restante.

Alitas de pollo con cinco especias

Para 4 personas

30 ml / 2 cucharadas de aceite de cacahuete

2 dientes de ajo machacados

450 g / 1 libra de alitas de pollo

250 ml / 8 fl oz / 1 taza de caldo de pollo

30 ml / 2 cucharadas de salsa de soja

5 ml / 1 cucharadita de azúcar

5 ml / 1 cucharadita de polvo de cinco especias

Calentar el aceite y el ajo hasta que el ajo esté ligeramente dorado. Agrega el pollo y sofríe hasta que esté ligeramente dorado. Agregue los ingredientes restantes, revolviendo bien, y deje hervir. Tape y cocine a fuego lento durante unos 15 minutos hasta que el pollo esté bien cocido. Retire la tapa y continúe cocinando a fuego lento, revolviendo ocasionalmente, hasta que casi todo el líquido se haya evaporado. Sirva caliente o fría.

Alitas de pollo marinadas

Para 4 personas

45 ml / 3 cucharadas de salsa de soja

45 ml / 3 cucharadas de vino de arroz o jerez seco

30 ml / 2 cucharadas de azúcar morena

5 ml / 1 cucharadita de raíz de jengibre rallada

2 dientes de ajo machacados

6 cebolletas (cebolletas), en rodajas

450 g / 1 libra de alitas de pollo

30 ml / 2 cucharadas de aceite de cacahuete

225 g / 8 oz de brotes de bambú, en rodajas

20 ml / 4 cucharaditas de harina de maíz (maicena)

175 ml / 6 fl oz / ¾ taza de caldo de pollo

Mezcle la salsa de soja, el vino o el jerez, el azúcar, el jengibre, el ajo y las cebolletas. Agregue las alitas de pollo y revuelva para cubrir completamente. Tapar y dejar reposar durante 1 hora, revolviendo de vez en cuando. Calentar el aceite y sofreír los brotes de bambú durante 2 minutos. Sácalos de la sartén. Escurre el pollo y la cebolla, reservando la marinada. Recalentar el aceite y sofreír el pollo hasta que se dore por todos lados. Tape y cocine por 20 minutos más hasta que el pollo esté tierno. Licúa la maicena con el caldo y la marinada reservada. Verter sobre el pollo y llevar a ebullición, revolviendo, hasta que la salsa espese. Agregue los brotes de bambú y cocine a fuego lento, revolviendo, durante 2 minutos más.

Alitas De Pollo Real

Para 4 personas

12 alitas de pollo

250 ml / 8 fl oz / 1 taza de aceite de maní (maní)

15 ml / 1 cucharada de azúcar granulada

2 cebolletas (cebolletas), cortadas en trozos

5 rodajas de raíz de jengibre

5 ml / 1 cucharadita de sal

45 ml / 3 cucharadas de salsa de soja

250 ml / 8 fl oz / 1 taza de vino de arroz o jerez seco

250 ml / 8 fl oz / 1 taza de caldo de pollo

10 rodajas de brotes de bambú

15 ml / 1 cucharada de harina de maíz (maicena)

15 ml / 1 cucharada de agua

2,5 ml / ½ cucharadita de aceite de sésamo

Escaldar las alitas de pollo en agua hirviendo durante 5 minutos y luego escurrirlas bien. Calentar el aceite, agregar el azúcar y revolver hasta que se derrita y se dore. Agregue el pollo, las cebolletas, el jengibre, la sal, la salsa de soja, el vino y el caldo, lleve a ebullición y cocine a fuego lento durante 20 minutos. Agregue los brotes de bambú y cocine a fuego lento durante 2 minutos o hasta que el líquido se haya evaporado casi por completo. Licúa la harina de maíz con el agua, revuélvela en la sartén y revuelve hasta que espese. Transfiera las alitas de pollo a un plato para servir caliente y sirva espolvoreadas con aceite de sésamo.

Alitas De Pollo Con Especias

Para 4 personas

30 ml / 2 cucharadas de aceite de cacahuete

5 ml / 1 cucharadita de sal

2 dientes de ajo machacados

900 g / 2 lb de alitas de pollo

30 ml / 2 cucharadas de vino de arroz o jerez seco

30 ml / 2 cucharadas de salsa de soja

30 ml / 2 cucharadas de puré de tomate (pasta)

15 ml / 1 cucharada de salsa Worcestershire

Calentar el aceite, la sal y el ajo y sofreír hasta que el ajo se torne ligeramente dorado. Agregue las alitas de pollo y fría, revolviendo con frecuencia, durante unos 10 minutos hasta que estén doradas y casi cocidas. Agregue los ingredientes restantes y saltee durante unos 5 minutos hasta que el pollo esté crujiente y bien cocido.

Muslos de pollo a la parrilla

Para 4 personas

16 muslos de pollo

30 ml / 2 cucharadas de vino de arroz o jerez seco

30 ml / 2 cucharadas de vinagre de vino

30 ml / 2 cucharadas de aceite de oliva

sal y pimienta recién molida

120 ml / 4 fl oz / ½ taza de jugo de naranja

30 ml / 2 cucharadas de salsa de soja

30 ml / 2 cucharadas de miel

15 ml / 1 cucharada de jugo de limón

2 rodajas de raíz de jengibre, picadas

120 ml / 4 fl oz / ½ taza de salsa de chile

Mezclar todos los ingredientes excepto la salsa de chiles, tapar y dejar macerar en el frigorífico durante la noche. Retire el pollo de la marinada y cocine a la parrilla o a la parrilla (asar) durante unos 25 minutos, volteándolo y rociándolo con la salsa de chile mientras cocina.

Muslos de pollo Hoisin

Para 4 personas

8 muslos de pollo

600 ml / 1 pt / 2½ tazas de caldo de pollo

sal y pimienta recién molida

250 ml / 8 fl oz / 1 taza de salsa hoisin

30 ml / 2 cucharadas de harina común (para todo uso)

2 huevos batidos

100 g / 4 oz / 1 taza de pan rallado

aceite para freír

Coloque las baquetas y el caldo en una sartén, lleve a ebullición, tape y cocine a fuego lento durante 20 minutos hasta que estén cocidas. Retire el pollo de la sartén y séquelo con papel de cocina. Coloque el pollo en un bol y sazone con sal y pimienta. Verter sobre la salsa hoisin y dejar macerar durante 1 hora. Drenar. Mezcle el pollo en la harina, luego cúbralo con los huevos y el pan rallado, luego con el huevo y el pan rallado nuevamente. Calentar el aceite y freír el pollo durante unos 5 minutos hasta que se dore. Escurrir sobre papel de cocina y servir frío o caliente.

Pollo Estofado

Para 4 a 6 porciones

75 ml / 5 cucharadas de aceite de maní (maní)

1 pollo

3 cebolletas (cebolletas), en rodajas

3 rodajas de raíz de jengibre

120 ml / 4 fl oz / ½ taza de salsa de soja

30 ml / 2 cucharadas de vino de arroz o jerez seco

5 ml / 1 cucharadita de azúcar

Calentar el aceite y sofreír el pollo hasta que se dore. Agregue las cebolletas, el jengibre, la salsa de soja y el vino o jerez y deje hervir. Tape y cocine a fuego lento durante 30 minutos, volteando ocasionalmente. Agregue el azúcar, tape y cocine a fuego lento durante 30 minutos más hasta que el pollo esté cocido.

Pollo frito crujiente

Para 4 personas

1 pollo

sal

30 ml / 2 cucharadas de vino de arroz o jerez seco

3 cebolletas (cebolletas), cortadas en cubitos

1 rodaja de raíz de jengibre

30 ml / 2 cucharadas de salsa de soja

30 ml / 2 cucharadas de azúcar

5 ml / 1 cucharadita de clavo de olor entero

5 ml / 1 cucharadita de sal

5 ml / 1 cucharadita de granos de pimienta

150 ml / ¼ pt / generosa ½ taza de caldo de pollo

aceite para freír

1 lechuga, rallada

4 tomates, en rodajas

½ pepino, en rodajas

Frote el pollo con sal y déjelo reposar durante 3 horas. Enjuagar y colocar en un bol. Agregue el vino o jerez, el jengibre, la salsa de soja, el azúcar, el clavo, la sal, los granos de pimienta y el caldo y rocíe bien. Coloque el tazón en una vaporera, cubra y cocine al vapor durante aproximadamente 2 ¼ horas hasta que el pollo esté bien cocido. Drenar. Calentar el aceite hasta que esté humeante, luego agregar el pollo y sofreír hasta que se dore. Freír durante 5 minutos más, retirar del aceite y escurrir. Cortar en trozos y colocar en un plato para servir caliente. Adorne con la lechuga, los tomates y el pepino y sirva con un aderezo de pimienta y sal.

Pollo Entero Frito

Para 5 porciones

1 pollo

10 ml / 2 cucharaditas de sal

15 ml / 1 cucharada de vino de arroz o jerez seco

2 cebolletas (cebolletas), cortadas por la mitad

3 rodajas de raíz de jengibre, cortadas en tiras

aceite para freír

Seque el pollo y frote la piel con sal y vino o jerez. Coloque las cebolletas y el jengibre dentro de la cavidad. Cuelga el pollo para que se seque en un lugar fresco durante unas 3 horas. Calentar el aceite y colocar el pollo en una cesta para freír. Baje suavemente en el aceite y rocíe continuamente por dentro y por fuera hasta que el pollo esté ligeramente coloreado. Retirar del aceite y dejar enfriar un poco mientras recalienta el aceite. Freír nuevamente hasta que estén doradas. Escurrir bien y luego picar en trozos.

Pollo a las cinco especias

Para 4 a 6 porciones

1 pollo

120 ml / 4 fl oz / ½ taza de salsa de soja

2,5 cm / 1 pulgada de raíz de jengibre, picada

1 diente de ajo machacado

15 ml / 1 cucharada de polvo de cinco especias

30 ml / 2 cucharadas de vino de arroz o jerez seco

30 ml / 2 cucharadas de miel

2,5 ml / ½ cucharadita de aceite de sésamo

aceite para freír

30 ml / 2 cucharadas de sal

5 ml / 1 cucharadita de pimienta recién molida

Coloque el pollo en una cacerola grande y llénelo con agua hasta la mitad del muslo. Reserve 15 ml / 1 cucharada de salsa de soja y agregue el resto a la sartén con el jengibre, el ajo y la mitad del polvo de cinco especias. Llevar a ebullición, tapar y cocinar a fuego lento durante 5 minutos. Apague el fuego y deje reposar el pollo en el agua hasta que el agua esté tibia. Drenar.

Corta el pollo por la mitad a lo largo y colócalo con el lado cortado hacia abajo en una fuente para asar. Mezcle la salsa de soja restante y el polvo de cinco especias con el vino o el jerez, la miel y el aceite de sésamo. Frote la mezcla sobre el pollo y déjelo reposar durante 2 horas, untando de vez en cuando con la mezcla. Calienta el aceite y fríe las mitades de pollo durante unos 15 minutos hasta que estén doradas y bien cocidas. Escurrir sobre papel de cocina y cortar en porciones.

Mientras tanto, mezcle la sal y la pimienta y caliente en una sartén seca durante unos 2 minutos. Sirve como salsa con el pollo.

Pollo con jengibre y cebolleta

Para 4 personas

1 pollo

2 rodajas de raíz de jengibre, cortadas en tiras

sal y pimienta recién molida

90 ml / 4 cucharadas de aceite de cacahuete (maní)

8 cebolletas (cebolletas), finamente picadas

10 ml / 2 cucharaditas de vinagre de vino blanco

5 ml / 1 cucharadita de salsa de soja

Coloque el pollo en una cacerola grande, agregue la mitad del jengibre y vierta suficiente agua casi para cubrir el pollo. Condimentar con sal y pimienta. Lleve a ebullición, cubra y cocine a fuego lento durante aproximadamente 1¼ horas hasta que estén tiernas. Deje reposar el pollo en el caldo hasta que se enfríe. Escurre el pollo y refrigéralo hasta que esté frío. Cortar en porciones.

Rallar el jengibre restante y mezclar con el aceite, las cebolletas, el vinagre de vino y la salsa de soja y sal y pimienta. Refrigere por 1 hora. Coloque los trozos de pollo en un tazón para servir y vierta sobre el aderezo de jengibre. Sirve con arroz al vapor.

Pollo escalfado

Para 4 personas

1 pollo

1,2 l / 2 pts / 5 tazas de caldo de pollo o agua

30 ml / 2 cucharadas de vino de arroz o jerez seco

4 cebolletas (cebolletas), picadas

1 rodaja de raíz de jengibre

5 ml / 1 cucharadita de sal

Coloque el pollo en una cacerola grande con todos los ingredientes restantes. El caldo o el agua deben llegar hasta la mitad del muslo. Lleve a ebullición, cubra y cocine a fuego lento durante aproximadamente 1 hora hasta que el pollo esté bien cocido. Escurrir, reservando el caldo para sopas.

Pollo Cocido Rojo

Para 4 personas

1 pollo

250 ml / 8 fl oz / 1 taza de salsa de soja

Coloque el pollo en una sartén, vierta sobre la salsa de soja y rellénelo con agua casi hasta cubrir el pollo. Lleve a ebullición, tape y cocine a fuego lento durante aproximadamente 1 hora hasta que el pollo esté cocido, volteándolo ocasionalmente.

Pollo con especias cocidas en rojo

Para 4 personas

2 rodajas de raíz de jengibre

2 cebolletas (cebolletas)

1 pollo

3 dientes de anís estrellado

½ rama de canela

15 ml / 1 cucharada de granos de pimienta de Sichuan

75 ml / 5 cucharadas de salsa de soja

75 ml / 5 cucharadas de vino de arroz o jerez seco

75 ml / 5 cucharadas de aceite de sésamo

15 ml / 1 cucharada de azúcar

Coloque el jengibre y las cebolletas dentro de la cavidad del pollo y coloque el pollo en una sartén. Ate el anís estrellado, la canela y los granos de pimienta en un trozo de muselina y agréguelo a la sartén. Vierta sobre la salsa de soja, vino o jerez y aceite de sésamo. Llevar a ebullición, tapar y cocinar a fuego lento durante unos 45 minutos. Agregue el azúcar, cubra y cocine a fuego lento durante 10 minutos más hasta que el pollo esté bien cocido.

Pollo asado con sésamo

Para 4 personas

50 g / 2 oz de semillas de sésamo

1 cebolla finamente picada

2 dientes de ajo picados

10 ml / 2 cucharaditas de sal

1 guindilla roja seca, triturada

pizca de clavo molido

2,5 ml / ½ cucharadita de cardamomo molido

2,5 ml / ½ cucharadita de jengibre molido

75 ml / 5 cucharadas de aceite de maní (maní)

1 pollo

Mezcle todos los condimentos y el aceite y cepille sobre el pollo. Colóquelo en un molde para asar y agregue 30 ml / 2 cucharadas de agua al molde. Ase en un horno precalentado a 180 ° C / 350 ° F / marca de gas 4 durante aproximadamente 2 horas, rociando y volteando el pollo de vez en cuando, hasta que esté dorado y bien cocido. Agregue un poco más de agua, si es necesario, para evitar quemaduras.

Pollo en Salsa de Soja

Para 4 a 6 porciones

300 ml / ½ pt / 1¼ tazas de salsa de soja

300 ml / ½ pt / 1¼ tazas de vino de arroz o jerez seco

1 cebolla picada

3 rodajas de jengibre de raíz, picado

50 g / 2 oz / ¼ taza de azúcar

1 pollo

15 ml / 1 cucharada de harina de maíz (maicena)

60 ml / 4 cucharadas de agua

1 pepino, pelado y en rodajas

30 ml / 2 cucharadas de perejil fresco picado

Mezclar la salsa de soja, el vino o el jerez, la cebolla, el jengibre y el azúcar en una sartén y llevar a ebullición. Agregue el pollo, vuelva a hervir, tape y cocine a fuego lento durante 1 hora, volteando el pollo de vez en cuando, hasta que esté cocido. Transfiera el pollo a un plato para servir caliente y córtelo. Vierta todo menos 250 ml / 8 fl oz / 1 taza del líquido de cocción y vuelva a hervir. Mezcle la harina de maíz y el agua hasta obtener una pasta, revuélvala en la sartén y cocine a fuego lento, revolviendo, hasta que la salsa se aclare y espese. Unte un poco de salsa sobre el pollo y decore el pollo con pepino y perejil. Sirva la salsa restante por separado.

Pollo al vapor

Para 4 personas

1 pollo

45 ml / 3 cucharadas de vino de arroz o jerez seco

sal

2 rodajas de raíz de jengibre

2 cebolletas (cebolletas)

250 ml / 8 fl oz / 1 taza de caldo de pollo

Colocar el pollo en un bol refractario y frotar con vino o jerez y sal y colocar el jengibre y las cebolletas dentro de la cavidad. Coloque el tazón sobre una rejilla en una vaporera, cubra y cocine al vapor sobre agua hirviendo durante aproximadamente 1 hora hasta que esté bien cocido. Sirva caliente o fría.

Pollo al vapor con anís

Para 4 personas

250 ml / 8 fl oz / 1 taza de salsa de soja

250 ml / 8 fl oz / 1 taza de agua

15 ml / 1 cucharada de azúcar morena

4 dientes de anís estrellado

1 pollo

Mezclar la salsa de soja, el agua, el azúcar y el anís en una cacerola y llevar a ebullición a fuego suave. Coloque el pollo en un bol y rocíe bien con la mezcla por dentro y por fuera. Vuelva a calentar la mezcla y repita. Coloca el pollo en un bol refractario. Coloquc cl tazón sobre una rejilla en una vaporera, cubra y cocine al vapor sobre agua hirviendo durante aproximadamente 1 hora hasta que esté bien cocido.

Pollo de sabor extraño

Para 4 personas

1 pollo

5 ml / 1 cucharadita de raíz de jengibre picada

5 ml / 1 cucharadita de ajo picado

45 ml / 3 cucharadas de salsa de soja espesa

5 ml / 1 cucharadita de azúcar

2,5 ml / ½ cucharadita de vinagre de vino

10 ml / 2 cucharaditas de salsa de sésamo

5 ml / 1 cucharadita de pimienta recién molida

10 ml / 2 cucharaditas de aceite de chile

½ lechuga, rallada

15 ml / 1 cucharada de cilantro fresco picado

Coloque el pollo en una sartén y llénelo con agua hasta que llegue hasta la mitad de las piernas de pollo. Lleve a ebullición, tape y cocine a fuego lento durante aproximadamente 1 hora hasta que el pollo esté tierno. Retirar de la sartén y escurrir bien y remojar en agua helada hasta que la carne se enfríe por completo. Escurrir bien y picar en trozos de 5 cm / 2. Mezcle todos los ingredientes restantes y vierta sobre el pollo. Sirva adornado con lechuga y cilantro.

Trozos de pollo crujientes

Para 4 personas

100 g / 4 oz de harina común (para todo uso)

pizca de sal

15 ml / 1 cucharada de agua

1 huevo

350 g / 12 oz de pollo cocido, en cubos

aceite para freír

Mezcle la harina, la sal, el agua y el huevo hasta obtener una masa bastante dura, agregando un poco más de agua si es necesario. Sumerja los trozos de pollo en la masa hasta que estén bien cubiertos. Calentar el aceite hasta que esté muy caliente y sofreír el pollo durante unos minutos hasta que esté crujiente y dorado.

Pollo con Judías Verdes

Para 4 personas

45 ml / 3 cucharadas de aceite de maní (maní)

450 g / 1 lb de pollo cocido, desmenuzado

5 ml / 1 cucharadita de sal

2,5 ml / ½ cucharadita de pimienta recién molida

225 g / 8 oz de ejotes, cortados en trozos

1 tallo de apio, cortado en diagonal

225 g / 8 oz de champiñones, en rodajas

250 ml / 8 fl oz / 1 taza de caldo de pollo

30 ml / 2 cucharadas de harina de maíz (maicena)

60 ml / 4 cucharadas de agua

10 ml / 2 cucharaditas de salsa de soja

Calentar el aceite y sofreír el pollo, salpimentar hasta que se dore un poco. Agregue los frijoles, el apio y los champiñones y mezcle bien. Agrega el caldo, lleva a ebullición, tapa y cocina a fuego lento durante 15 minutos. Mezcle la harina de maíz, el agua y la salsa de soja hasta obtener una pasta, revuélvala en la sartén y cocine a fuego lento, revolviendo, hasta que la salsa se aclare y espese.

Pollo Cocido con Piña

Para 4 personas

45 ml / 3 cucharadas de aceite de maní (maní)

225 g / 8 oz de pollo cocido, cortado en cubitos

sal y pimienta recién molida

2 tallos de apio, cortados en diagonal

3 rodajas de piña, cortada en trozos

120 ml / 4 fl oz / ½ taza de caldo de pollo

15 ml / 1 cucharada de salsa de soja

10 ml / 2 cucharadas de harina de maíz (maicena)

30 ml / 2 cucharadas de agua

Calentar el aceite y sofreír el pollo hasta que esté ligeramentc dorado. Condimentar con sal y pimienta, agregar el apio y sofreír durante 2 minutos. Agregue la piña, el caldo y la salsa de soja y revuelva durante unos minutos hasta que esté bien caliente. Mezcle la harina de maíz y el agua hasta obtener una pasta, revuelva en la sartén y cocine a fuego lento, revolviendo, hasta que la salsa se aclare y espese.

Pollo con Pimientos y Tomates

Para 4 personas

45 ml / 3 cucharadas de aceite de maní (maní)

450 g / 1 lb de pollo cocido, en rodajas

10 ml / 2 cucharaditas de sal

5 ml / 1 cucharadita de pimienta recién molida

1 pimiento verde cortado en trozos

4 tomates grandes, sin piel y cortados en gajos

250 ml / 8 fl oz / 1 taza de caldo de pollo

30 ml / 2 cucharadas de harina de maíz (maicena)

15 ml / 1 cucharada de salsa de soja

120 ml / 4 fl oz / ½ taza de agua

Calentar el aceite y sofreír el pollo, salpimentar hasta que se dore. Agrega los pimientos y los tomates. Vierta el caldo, lleve a ebullición, tape y cocine a fuego lento durante 15 minutos. Mezcle la harina de maíz, la salsa de soja y el agua hasta obtener una pasta, revuélvala en la sartén y cocine a fuego lento, revolviendo, hasta que la salsa se aclare y espese.

Pollo al sésamo

Para 4 personas

450 g / 1 lb de pollo cocido, cortado en tiras

2 rodajas de jengibre finamente picado

1 cebolla tierna (cebolleta), finamente picada

sal y pimienta recién molida

60 ml / 4 cucharadas de vino de arroz o jerez seco

60 ml / 4 cucharadas de aceite de sésamo

10 ml / 2 cucharaditas de azúcar

5 ml / 1 cucharadita de vinagre de vino

150 ml / ¼ pt / generosa ½ taza de salsa de soja

Coloque el pollo en un plato para servir y espolvorcc con jengibre, cebolleta, sal y pimienta. Mezcle el vino o jerez, aceite de sésamo, azúcar, vinagre de vino y salsa de soja. Vierta sobre el pollo.

Poussins fritos

Para 4 personas

2 poussins, cortados a la mitad

45 ml / 3 cucharadas de salsa de soja

45 ml / 3 cucharadas de vino de arroz o jerez seco

120 ml / 4 fl oz / ½ taza de aceite de maní (maní)

1 cebolla tierna (cebolleta), finamente picada

30 ml / 2 cucharadas de caldo de pollo

10 ml / 2 cucharaditas de azúcar

5 ml / 1 cucharadita de aceite de chile

5 ml / 1 cucharadita de pasta de ajo

sal y pimienta

Coloca los poussins en un bol. Mezclar la salsa de soja y el vino o jerez, verter sobre los poussins, tapar y marinar durante 2 horas, rociando con frecuencia. Calentar el aceite y freír los poussins durante unos 20 minutos hasta que estén bien cocidos. Sácalos de la sartén y recalienta el aceite. Devuélvelos a la sartén y fríelos hasta que estén dorados. Drene la mayor parte del aceite. Mezcle los ingredientes restantes, agregue a la sartén y caliente rápidamente. Vierta sobre los poussins antes de servir.

Pavo con Mangetout

Para 4 personas

60 ml / 4 cucharadas de aceite de cacahuete

2 cebolletas (cebolletas), picadas

2 dientes de ajo machacados

1 rodaja de raíz de jengibre, picada

225 g / 8 oz de pechuga de pavo, cortada en tiras

225 g / 8 oz de tirabeques (guisantes)

100 g / 4 oz de brotes de bambú, cortados en tiras

50 g / 2 oz de castañas de agua, cortadas en tiras

45 ml / 3 cucharadas de salsa de soja

15 ml / 1 cucharada de vino de arroz o jerez seco

5 ml / 1 cucharadita de azúcar

5 ml / 1 cucharadita de sal

15 ml / 1 cucharada de harina de maíz (maicena)

Calentar 45 ml / 3 cucharadas de aceite y sofreír las cebolletas, el ajo y el jengibre hasta que estén ligeramente dorados. Agrega el pavo y sofríe durante 5 minutos. Retirar de la sartén y reservar. Calentar el aceite restante y sofreír el tirabeque, los brotes de bambú y las castañas de agua durante 3 minutos. Agrega la salsa de soja, el vino o jerez, el azúcar y la sal y regresa el pavo a la sartén. Sofreír durante 1 minuto. Mezcle la harina de maíz con un poco de agua, revuélvala en la sartén y cocine a fuego lento, revolviendo, hasta que la salsa se aclare y espese.

Pavo con Pimientos

Para 4 personas

4 hongos chinos secos

30 ml / 2 cucharadas de aceite de cacahuete

1 col china, cortada en tiras

350 g / 12 oz de pavo ahumado, cortado en tiras

1 cebolla en rodajas

1 pimiento rojo cortado en tiras

1 pimiento verde cortado en tiritas

120 ml / 4 fl oz / ½ taza de caldo de pollo

30 ml / 2 cucharadas de puré de tomate (pasta)

45 ml / 3 cucharadas de vinagre de vino

30 ml / 2 cucharadas de salsa de soja

15 ml / 1 cucharada de salsa hoisin

10 ml / 2 cucharaditas de harina de maíz (maicena)

unas gotas de aceite de guindilla

Remojar los champiñones en agua tibia durante 30 minutos y luego escurrir. Deseche los tallos y corte las tapas en tiras. Calentar la mitad del aceite y sofreír el repollo durante unos 5 minutos o hasta que esté cocido. Retirar de la sartén. Agrega el pavo y sofríe durante 1 minuto. Agrega las verduras y sofríe durante 3 minutos. Mezclar el caldo con el puré de tomate, el vinagre de vino y las salsas y añadir a la sartén con la col. Mezclar la maicena con un poco de agua, remover en la olla y llevar a ebullición, revolviendo. Espolvoree con aceite de chile y cocine a fuego lento durante 2 minutos, revolviendo continuamente.

Pavo asado chino

Sirve de 8 a 10

1 pavo pequeño

600 ml / 1 pt / 2½ tazas de agua caliente

10 ml / 2 cucharaditas de pimienta de Jamaica

500 ml / 16 fl oz / 2 tazas de salsa de soja

5 ml / 1 cucharadita de aceite de sésamo

10 ml / 2 cucharaditas de sal

45 ml / 3 cucharadas de mantequilla

Coloca el pavo en una sartén y vierte sobre el agua caliente. Agrega el resto de los ingredientes excepto la mantequilla y deja reposar 1 hora, dando vueltas varias veces. Retire el pavo del líquido y unte con mantequilla. Coloque en una fuente para asar, cubra sin apretar con papel de cocina y ase en un horno precalentado a 160 ° C / 325 ° F / marca de gas 3 durante aproximadamente 4 horas, rociando ocasionalmente con el líquido de salsa de soja. Retire el papel de aluminio y deje que la piel esté crujiente durante los últimos 30 minutos de cocción.

Pavo con Nueces y Champiñones

Para 4 personas

450 g / 1 libra de filete de pechuga de pavo

sal y pimienta

jugo de 1 naranja

15 ml / 1 cucharada de harina común (para todo uso)

12 nueces negras en escabeche con jugo

5 ml / 1 cucharadita de harina de maíz (maicena)

15 ml / 1 cucharada de aceite de cacahuete

2 cebolletas (cebolletas), cortadas en cubitos

225 g / 8 oz de champiñones

45 ml / 3 cucharadas de vino de arroz o jerez seco

10 ml / 2 cucharaditas de salsa de soja

50 g / 2 oz / ½ taza de mantequilla

25 g / 1 oz de piñones

Cortar el pavo en rodajas gruesas de 1 cm / ½. Espolvorear con sal, pimienta y jugo de naranja y espolvorear con harina. Escurrimos y partimos las nueces por la mitad, reservando el líquido, y mezclamos el líquido con la maicena. Calentar el aceite y sofreír el pavo hasta que esté dorado. Agrega las cebolletas y los champiñones y sofríe durante 2 minutos. Agregue el vino o el jerez y la salsa de soja y cocine a fuego lento durante 30 segundos. Agregue las nueces a la mezcla de harina de maíz, luego revuélvalas en la sartén y déjelas hervir. Agrega la mantequilla en hojuelas pequeñas pero no dejes que la mezcla hierva. Tostar los piñones en una sartén seca hasta que estén dorados. Transfiera la mezcla de pavo a un plato para servir caliente y sirva adornado con piñones.

Pato con brotes de bambú

Para 4 personas

6 hongos chinos secos

1 pato

50 g / 2 oz de jamón ahumado, cortado en tiras

100 g / 4 oz de brotes de bambú, cortados en tiras

2 cebolletas (cebolletas), cortadas en tiras

2 rodajas de raíz de jengibre, cortadas en tiras

5 ml / 1 cucharadita de sal

Remojar los champiñones en agua tibia durante 30 minutos y luego escurrir. Deseche los tallos y corte las tapas en tiras. Coloque todos los ingredientes en un recipiente resistente al calor y colóquelos en una sartén llena de agua hasta que lleguen dos tercios del recipiente. Llevar a ebullición, tapar y cocinar a fuego lento durante aproximadamente 2 horas hasta que el pato esté cocido, rellenando con agua hirviendo según sea necesario.

Pato con brotes de soja

Para 4 personas

225 g / 8 oz de brotes de soja

45 ml / 3 cucharadas de aceite de maní (maní)

450 g / 1 lb de carne de pato cocida

15 ml / 1 cucharada de salsa de ostras

15 ml / 1 cucharada de vino de arroz o jerez seco

30 ml / 2 cucharadas de agua

2,5 ml / ½ cucharadita de sal

Escaldar los brotes de soja en agua hirviendo durante 2 minutos y luego escurrir. Calentar el aceite, sofreír los brotes de soja durante 30 segundos. Agregue el pato, saltee hasta que esté bien caliente. Agrega los ingredientes restantes y sofríe durante 2 minutos para mezclar los sabores. Sirva de una vez.

Pato Estofado

Para 4 personas

4 cebolletas (cebolletas), picadas

1 rodaja de raíz de jengibre, picada

120 ml / 4 fl oz / ½ taza de salsa de soja

30 ml / 2 cucharadas de vino de arroz o jerez seco

1 pato

120 ml / 4 fl oz / ½ taza de aceite de maní (maní)

600 ml / 1 pt / 2½ tazas de agua

15 ml / 1 cucharada de azúcar morena

Mezcle las cebolletas, el jengibre, la salsa de soja y el vino o jerez y frótelo sobre el pato por dentro y por fuera. Calentar el aceite y sofreír el pato hasta que esté ligeramente dorado por todos lados. Escurre el aceite. Agregue el agua y la mezcla de salsa de soja restante, deje hervir, cubra y cocine a fuego lento durante 1 hora. Agregue el azúcar, cubra y cocine a fuego lento durante 40 minutos más hasta que el pato esté tierno.

Pato al vapor con apio

Para 4 personas

350 g / 12 oz de pato cocido, en rodajas

1 cabeza de apio

250 ml / 8 fl oz / 1 taza de caldo de pollo

2,5 ml / ½ cucharadita de sal

5 ml / 1 cucharadita de aceite de sésamo

1 tomate, cortado en gajos

Coloca el pato en una rejilla para vaporera. Corta el apio en trozos de 7,5 cm / 3 de largo y colócalo en una sartén. Vierta el caldo, sazone con sal y coloque la vaporera sobre la sartén. Lleve el caldo a ebullición y luego cocine a fuego lento durante unos 15 minutos hasta que el apio esté tierno y el pato se caliente. Coloque el pato y el apio en un plato para servir calentado, espolvoree el apio con aceite de sésamo y sirva adornado con gajos de tomate.

Pato con Jengibre

Para 4 personas

350 g / 12 oz de pechuga de pato, en rodajas finas

1 huevo, ligeramente batido

5 ml / 1 cucharadita de salsa de soja

5 ml / 1 cucharadita de harina de maíz (maicena)

5 ml / 1 cucharadita de aceite de cacahuete

aceite para freír

50 g / 2 oz de brotes de bambú

50 g / 2 oz de tirabeques (guisantes)

2 rodajas de raíz de jengibre picadas

15 ml / 1 cucharada de agua

2,5 ml / ½ cucharadita de azúcar

2,5 ml / ½ cucharadita de vino de arroz o jerez seco

2,5 ml / ½ cucharadita de aceite de sésamo

Mezclar el pato con el huevo, la salsa de soja, la maicena y el aceite y dejar reposar 10 minutos. Calentar el aceite y sofreír el pato y los brotes de bambú hasta que estén cocidos y dorados. Retirar de la sartén y escurrir bien. Vierta todo menos 15 ml / 1 cucharada de aceite de la sartén y saltee el pato, los brotes de bambú, el tirabeque, el jengibre, el agua, el azúcar y el vino o jerez durante 2 minutos. Sirve espolvoreado con aceite de sésamo.

Pato con Judías Verdes

Para 4 personas

1 pato

60 ml / 4 cucharadas de aceite de cacahuete

2 dientes de ajo machacados

2,5 ml / ½ cucharadita de sal

1 cebolla picada

15 ml / 1 cucharada de jengibre de raíz rallado

45 ml / 3 cucharadas de salsa de soja

120 ml / 4 fl oz / ½ taza de vino de arroz o jerez seco

60 ml / 4 cucharadas de salsa de tomate (salsa de tomate)

45 ml / 3 cucharadas de vinagre de vino

300 ml / ½ pt / 1¼ tazas de caldo de pollo

450 g / 1 libra de judías verdes, en rodajas

pizca de pimienta recién molida

5 gotas de aceite de chile

15 ml / 1 cucharada de harina de maíz (maicena)

30 ml / 2 cucharadas de agua

Pica el pato en 8 o 10 trozos. Calentar el aceite y sofreír el pato hasta que esté dorado. Transfiera a un tazón. Agrega el ajo, la sal, la cebolla, el jengibre, la salsa de soja, el vino o jerez, la salsa de tomate y el vinagre de vino. Mezclar, tapar y marinar en el frigorífico durante 3 horas.

Recalentar el aceite, agregar el pato, el caldo y la marinada, llevar a ebullición, tapar y dejar hervir a fuego lento durante 1 hora. Agregue los frijoles, tape y cocine a fuego lento durante 15 minutos. Agrega la pimienta y el aceite de guindilla. Mezcle la harina de maíz con el agua, revuélvala en la sartén y cocine a fuego lento, revolviendo, hasta que la salsa espese.

Pato al vapor frito

Para 4 personas

1 pato

sal y pimienta recién molida

aceite para freír

salsa hoisin

Sazone el pato con sal y pimienta y colóquelo en un recipiente resistente al calor. Colóquese en una cacerola llena de agua hasta que llegue a dos tercios de la altura del recipiente, lleve a ebullición, tape y cocine a fuego lento durante aproximadamente 1 hora y media hasta que el pato esté tierno. Escurrir y dejar enfriar.

Calentar el aceite y sofreír el pato hasta que esté crujiente y dorado. Retirar y escurrir bien. Picar en trozos pequeños y servir con salsa hoisin.

Para 4 personas

4 filetes de pechuga de pato, cortados en tiras

2,5 ml / ½ cucharadita de polvo de cinco especias

30 ml / 2 cucharadas de salsa de soja

15 ml / 1 cucharada de aceite de sésamo

15 ml / 1 cucharada de aceite de cacahuete

3 tallos de apio, cortados en cubitos

2 rodajas de piña, cortadas en cubitos

100 g / 4 oz de melón, cortado en cubitos

100 g / 4 oz de lichis, cortados a la mitad

130 ml / 4 fl oz / ½ taza de caldo de pollo

30 ml / 2 cucharadas de puré de tomate (pasta)

30 ml / 2 cucharadas de salsa hoisin

10 ml / 2 cucharaditas de vinagre de vino

pizca de azúcar morena

Coloca el pato en un bol. Mezclar el polvo de cinco especias, la salsa de soja y el aceite de sésamo, verter sobre el pato y dejar marinar durante 2 horas, revolviendo ocasionalmente. Calentar el aceite y sofreír el pato durante 8 minutos. Retirar de la sartén. Agrega el apio y las frutas y sofríe durante 5 minutos. Regrese el pato a la sartén con el resto de los ingredientes, lleve a ebullición y cocine a fuego lento, revolviendo, durante 2 minutos antes de servir.

Pato Estofado con Hojas Chinas

Para 4 personas

1 pato

30 ml / 2 cucharadas de vino de arroz o jerez seco

30 ml / 2 cucharadas de salsa hoisin

15 ml / 1 cucharada de harina de maíz (maicena)

5 ml / 1 cucharadita de sal

5 ml / 1 cucharadita de azúcar

60 ml / 4 cucharadas de aceite de cacahuete

4 cebolletas (cebolletas), picadas

2 dientes de ajo machacados

1 rodaja de raíz de jengibre, picada

75 ml / 5 cucharadas de salsa de soja

600 ml / 1 pt / 2½ tazas de agua

225 g / 8 oz de hojas chinas, ralladas

Corta el pato en unas 6 piezas. Mezclar el vino o jerez, la salsa hoisin, la maicena, la sal y el azúcar y frotar sobre el pato. Dejar reposar 1 hora. Calentar el aceite y sofreír las cebolletas, el ajo y el jengibre durante unos segundos. Agrega el pato y sofríe hasta que esté ligeramente dorado por todos lados. Escurrir cualquier exceso de grasa. Vierta la salsa de soja y el agua, lleve a ebullición, cubra y cocine a fuego lento durante unos 30 minutos.

Agregue las hojas chinas, tape de nuevo y cocine a fuego lento durante 30 minutos más hasta que el pato esté tierno.

Pato borracho

Para 4 personas

2 cebolletas (cebolletas), picadas

2 dientes de ajo picados

1,5 l / 2½ pts / 6 tazas de agua

1 pato

450 ml / ¾ pt / 2 tazas de vino de arroz o jerez seco

Coloque las cebolletas, el ajo y el agua en una olla grande y deje hervir. Agrega el pato, vuelve a hervir, tapa y cocina a fuego lento durante 45 minutos. Escurrir bien, reservando el líquido para caldo. Deje que el pato se enfríe y luego refrigere durante la noche. Corta el pato en trozos y colócalos en un frasco grande con tapa de rosca. Vierta sobre el vino o jerez y enfríe durante aproximadamente 1 semana antes de escurrir y servir frío.

Pato de cinco especias

Para 4 personas

150 ml / ¼ pt / generosa ½ taza de vino de arroz o jerez seco

150 ml / ¼ pt / generosa ½ taza de salsa de soja

1 pato

10 ml / 2 cucharaditas de polvo de cinco especias

Llevar a ebullición el vino o el jerez y la salsa de soja. Agregue el pato y cocine a fuego lento, dando vuelta durante unos 5 minutos. Retire el pato de la sartén y frote el polvo de cinco especias en la piel. Regrese el ave a la sartén y agregue suficiente agua para cubrir el pato hasta la mitad. Llevar a ebullición, tapar y cocinar a fuego lento durante aproximadamente 1 hora y media hasta que el pato esté tierno, dando vueltas y rociando con frecuencia. Picar el pato en trozos de 5 cm / 2 y servir caliente o frío.

Pato Salteado con Jengibre

Para 4 personas

1 pato

2 rodajas de raíz de jengibre, ralladas

2 cebolletas (cebolletas), picadas

15 ml / 1 cucharada de harina de maíz (maicena)

30 ml / 2 cucharadas de salsa de soja

30 ml / 2 cucharadas de vino de arroz o jerez seco

2,5 ml / ½ cucharadita de sal

45 ml / 3 cucharadas de aceite de maní (maní)

Retire la carne de los huesos y córtela en trozos. Mezclar la carne con todos los ingredientes restantes excepto el aceite. Dejar reposar 1 hora. Calentar el aceite y sofreír el pato con la marinada durante unos 15 minutos hasta que el pato esté tierno.

Pato con Jamón y Puerros

Para 4 personas

1 pato

450 g / 1 libra de jamón ahumado

2 puerros

2 rodajas de raíz de jengibre, picadas

45 ml / 3 cucharadas de vino de arroz o jerez seco

45 ml / 3 cucharadas de salsa de soja

2,5 ml / ½ cucharadita de sal

Coloca el pato en una sartén y solo cúbrelo con agua fría. Llevar a ebullición, tapar y cocinar a fuego lento durante unos 20 minutos. Escurrir y reservar 450 ml / ¾ pts / 2 tazas de caldo. Deje que el pato se enfríe un poco, luego corte la carne de los huesos y córtela en cuadrados de 5 cm. Corta el jamón en trozos similares. Cortar trozos largos de puerro y enrollar una rebanada de pato y jamón dentro de la hoja y atar con una cuerda. Coloque en un recipiente resistente al calor. Agregue el jengibre, el vino o jerez, la salsa de soja y la sal al caldo reservado y viértalo sobre los rollitos de pato. Coloque el tazón en una cacerola llena de agua hasta que llegue a dos tercios de la altura de los lados del tazón. Llevar a ebullición, tapar y cocinar a fuego lento durante aproximadamente 1 hora hasta que el pato esté tierno.

Pato asado con miel

Para 4 personas

1 pato

sal

3 dientes de ajo machacados

3 cebolletas (cebolletas), picadas

45 ml / 3 cucharadas de salsa de soja

45 ml / 3 cucharadas de vino de arroz o jerez seco

45 ml / 3 cucharadas de miel

200 ml / 7 fl oz / escasa 1 taza de agua hirviendo

Seque el pato y frótelo con sal por dentro y por fuera. Mezcle el ajo, las cebolletas, la salsa de soja y el vino o jerez y luego divida la mezcla por la mitad. Mezclar la miel por la mitad y frotar sobre el pato y luego dejar secar. Agrega el agua a la mezcla de miel restante. Vierta la mezcla de salsa de soja en la cavidad del pato y colóquelo sobre una rejilla en una fuente para asar con un poco de agua en el fondo. Ase en un horno precalentado a 180 ° C / 350 ° F / marca de gas 4 durante aproximadamente 2 horas hasta que el pato esté tierno, rociando durante toda la cocción con la mezcla de miel restante.

Pato asado húmedo

Para 4 personas

6 cebolletas (cebolletas), picadas

2 rodajas de raíz de jengibre, picadas

1 pato

2,5 ml / ½ cucharadita de anís molido

15 ml / 1 cucharada de azúcar

45 ml / 3 cucharadas de vino de arroz o jerez seco

60 ml / 4 cucharadas de salsa de soja

250 ml / 8 fl oz / 1 taza de agua

Coloque la mitad de las cebolletas y el jengibre en una sartén grande de base pesada. Coloca el resto en la cavidad del pato y agrégalo a la sartén. Agregue todos los ingredientes restantes excepto la salsa hoisin, lleve a ebullición, cubra y cocine a fuego lento durante aproximadamente 1 hora y media, volteando ocasionalmente. Retire el pato de la sartén y déjelo secar durante unas 4 horas.

Coloque el pato sobre una rejilla en una fuente para asar llena con un poco de agua fría. Ase en un horno precalentado a 230 ° C / 450 ° F / marca de gas 8 durante 15 minutos, luego déle la vuelta y ase durante 10 minutos más hasta que esté crujiente.

Mientras tanto, recalienta el líquido reservado y vierte sobre el pato para servir.

Pato salteado con champiñones

Para 4 personas

1 pato

75 ml / 5 cucharadas de aceite de maní (maní)

45 ml / 3 cucharadas de vino de arroz o jerez seco

15 ml / 1 cucharada de salsa de soja

15 ml / 1 cucharada de azúcar

5 ml / 1 cucharadita de sal

pizca de pimienta

2 dientes de ajo machacados

225 g / 8 oz de champiñones, cortados por la mitad

600 ml / 1 pt / 2½ tazas de caldo de pollo

15 ml / 1 cucharada de harina de maíz (maicena)

30 ml / 2 cucharadas de agua

5 ml / 1 cucharadita de aceite de sésamo

Picar el pato en trozos de 5 cm / 2. Calentar 45 ml / 3 cucharadas de aceite y sofreír el pato hasta que esté ligeramente dorado por todos lados. Agrega el vino o jerez, la salsa de soja, el azúcar, la sal y la pimienta y sofríe durante 4 minutos. Retirar de la sartén. Calentar el aceite restante y sofreír los ajos hasta que estén ligeramente dorados. Agregue los champiñones y revuelva hasta que estén cubiertos de aceite, luego regrese la mezcla de pato a la sartén y agregue el caldo. Llevar a ebullición, tapar y cocinar a fuego lento durante aproximadamente 1 hora hasta que el pato esté tierno. Mezcle la harina de maíz y el agua hasta obtener una pasta, luego revuélvala con la mezcla y cocine a fuego lento, revolviendo, hasta que la salsa espese. Espolvorear con aceite de sésamo y servir.

Pato con dos hongos

Para 4 personas

6 hongos chinos secos

1 pato

750 ml / 1¼ pts / 3 tazas de caldo de pollo

45 ml / 3 cucharadas de vino de arroz o jerez seco

5 ml / 1 cucharadita de sal

100 g / 4 oz de brotes de bambú, cortados en tiras

100 g / 4 oz de champiñones

Remojar los champiñones en agua tibia durante 30 minutos y luego escurrir. Deseche los tallos y corte las tapas a la mitad. Coloque el pato en un tazón grande resistente al calor con el caldo, el vino o el jerez y la sal y colóquelo en una cacerola llena de agua para que llegue a dos tercios por los lados del tazón. Llevar a ebullición, tapar y cocinar a fuego lento durante unas 2 horas hasta que el pato esté tierno. Retirar de la sartén y cortar la carne del hueso. Transfiera el líquido de cocción a una sartén separada. Coloque los brotes de bambú y ambos tipos de hongos en el fondo de la olla al vapor, vuelva a colocar la carne de pato, cubra y cocine al vapor durante 30 minutos más. Llevar a ebullición el líquido de cocción y verter sobre el pato para servir.

Pato Estofado Con Cebollas

Para 4 personas

4 hongos chinos secos

1 pato

90 ml / 6 cucharadas de salsa de soja

60 ml / 4 cucharadas de aceite de cacahuete

1 cebolla tierna (cebolleta), picada

1 rodaja de raíz de jengibre, picada

45 ml / 3 cucharadas de vino de arroz o jerez seco

450 g / 1 libra de cebollas, en rodajas

100 g / 4 oz de brotes de bambú, en rodajas

15 ml / 1 cucharada de azúcar morena

15 ml / 1 cucharada de harina de maíz (maicena)

45 ml / 3 cucharadas de agua

Remojar los champiñones en agua tibia durante 30 minutos y luego escurrir. Deseche los tallos y corte las tapas. Frote 15 ml / 1 cucharada de salsa de soja en el pato. Reserva 15 ml / 1 cucharada de aceite, calienta el aceite restante y sofríe la cebolleta y el jengibre hasta que estén ligeramente dorados. Agrega el pato y sofríe hasta que esté ligeramente dorado por todos lados. Elimina el exceso de grasa. Agregue el vino o jerez, la salsa de soja restante a la sartén y el agua suficiente para cubrir casi el pato. Llevar a ebullición, tapar y cocinar a fuego lento durante 1 hora, volteando de vez en cuando.

Calentar el aceite reservado y freír las cebollas hasta que se ablanden. Retire del fuego y agregue los brotes de bambú y los champiñones, luego agréguelos al pato, cubra y cocine a fuego lento durante 30 minutos más hasta que el pato esté tierno. Retire el pato de la sartén, córtelo en trozos y colóquelo en un plato para servir caliente. Llevar a ebullición los líquidos de la olla, agregar el azúcar y la maicena y dejar hervir a fuego lento, revolviendo, hasta que la mezcla hierva y espese. Vierta sobre el pato para servir.

Pato con Naranja

Para 4 personas

1 pato

3 cebolletas (cebolletas), cortadas en trozos

2 rodajas de raíz de jengibre, cortadas en tiras

1 rodaja de cáscara de naranja

sal y pimienta recién molida

Coloca el pato en una olla grande, solo cúbrelo con agua y lleva a ebullición. Agregue las cebolletas, el jengibre y la cáscara de naranja, tape y cocine a fuego lento durante aproximadamente 1 hora y media hasta que el pato esté tierno. Condimente con sal y pimienta, escurra y sirva.

Pato asado a la naranja

Para 4 personas

1 pato

2 dientes de ajo, cortados por la mitad

45 ml / 3 cucharadas de aceite de maní (maní)

1 cebolla

1 naranja

120 ml / 4 fl oz / ½ taza de vino de arroz o jerez seco

2 rodajas de raíz de jengibre, picadas

5 ml / 1 cucharadita de sal

Frote el ajo sobre el pato por dentro y por fuera y luego unte con aceite. Perforar la cebolla pelada con un tenedor, colocarla junto con la naranja sin pelar dentro de la cavidad del pato y sellar con una brocheta. Coloque el pato en una rejilla sobre una fuente para asar llena de un poco de agua caliente y ase en un horno precalentado a 160 ° C / 325 ° F / marca de gas 3 durante aproximadamente 2 horas. Desechar los líquidos y devolver el pato a la fuente para asar. Vierta sobre el vino o jerez y espolvoree con el jengibre y la sal. Regrese al horno por 30 minutos más. Deseche la cebolla y la naranja y corte el pato en trozos para servir. Vierta los jugos de la sartén sobre el pato para servir.

Pato con Peras y Castañas

Para 4 personas

225 g / 8 oz de castañas, sin cáscara

1 pato

45 ml / 3 cucharadas de aceite de maní (maní)

250 ml / 8 fl oz / 1 taza de caldo de pollo

45 ml / 3 cucharadas de salsa de soja

15 ml / 1 cucharada de vino de arroz o jerez seco

5 ml / 1 cucharadita de sal

1 rodaja de raíz de jengibre, picada

1 pera grande, pelada y en rodajas gruesas

15 ml / 1 cucharada de azúcar

Hervir las castañas durante 15 minutos y escurrir. Picar el pato en trozos de 5 cm / 2. Calentar el aceite y sofreír el pato hasta que esté ligeramente dorado por todos lados. Escurra el exceso de aceite y luego agregue el caldo, la salsa de soja, el vino o jerez, la sal y el jengibre. Lleve a ebullición, tape y cocine a fuego lento durante 25 minutos, revolviendo ocasionalmente. Añada las castañas, tape y cocine a fuego lento durante 15 minutos más. Espolvoree la pera con azúcar, agregue a la sartén y cocine a fuego lento durante unos 5 minutos hasta que esté bien caliente.

Para 6

1 pato

250 ml / 8 fl oz / 1 taza de agua

120 ml / 4 fl oz / ½ taza de miel

120 ml / 4 fl oz / ½ taza de aceite de sésamo

Para los panqueques:

250 ml / 8 fl oz / 1 taza de agua

225 g / 8 oz / 2 tazas de harina común (para todo uso)

aceite de cacahuete para freír

Para las salsas:

120 ml / 4 fl oz / ½ taza de salsa hoisin

30 ml / 2 cucharadas de azúcar morena

30 ml / 2 cucharadas de salsa de soja

5 ml / 1 cucharadita de aceite de sésamo

6 cebolletas (cebolletas), cortadas a lo largo

1 pepino cortado en tiras

El pato debe estar entero con la piel intacta. Ata el cuello firmemente con una cuerda y cose o ensarta la abertura inferior. Corte una pequeña hendidura en el costado del cuello, inserte una pajita y sople aire debajo de la piel hasta que se infle. Suspender el pato sobre una palangana y dejar reposar durante 1 hora.

Llevar a ebullición una cacerola con agua, introducir el pato y hervir durante 1 minuto, luego retirar y secar bien. Lleve el agua a ebullición y agregue la miel. Frote la mezcla sobre la piel de pato hasta que esté saturada. Cuelgue el pato sobre un recipiente en un lugar fresco y aireado durante aproximadamente 8 horas hasta que la piel esté dura.

Suspenda el pato o colóquelo en una rejilla sobre una fuente para asar y ase en un horno precalentado a 180 ° C / 350 ° F / marca de gas 4 durante aproximadamente 1½ horas, rociando regularmente con aceite de sésamo.

Para hacer los panqueques, hierva el agua y luego agregue gradualmente la harina. Amasar ligeramente hasta que la masa esté blanda, cubrir con un paño húmedo y dejar reposar 15 minutos. Extienda sobre una superficie enharinada y forme un cilindro largo. Cortar en rodajas de 2,5 cm / 1 en, luego aplanar hasta unos 5 mm / ¼ de espesor y untar la parte superior con aceite. Apile en pares con las superficies aceitadas tocando y espolvoree ligeramente el exterior con harina. Estire los pares a unos 10 cm / 4 pulgadas de ancho y cocine en pares durante aproximadamente 1 minuto por cada lado hasta que estén ligeramente dorados. Separe y apile hasta que esté listo para servir.

Prepare las salsas mezclando la mitad de la salsa hoisin con el azúcar y mezclando el resto de la salsa hoisin con la salsa de soja y el aceite de sésamo.

Retirar el pato del horno, cortar la piel y cortarlo en cuadritos, y cortar la carne en cubitos. Disponga en platos separados y sirva con los panqueques, salsas y acompañamientos.

Pato Estofado con Piña

Para 4 personas

1 pato

400 g / 14 oz de trozos de piña enlatada en almíbar

45 ml / 3 cucharadas de salsa de soja

5 ml / 1 cucharadita de sal

pizca de pimienta recién molida

Coloque el pato en una sartén de base gruesa, solo cubra con agua, hierva, luego cubra y cocine a fuego lento durante 1 hora. Escurrir el almíbar de piña en la sartén con la salsa de soja, sal y pimienta, tapar y cocinar a fuego lento durante 30 minutos más. Agregue los trozos de piña y cocine a fuego lento durante 15 minutos más hasta que el pato esté tierno.

Pato Salteado con Piña

Para 4 personas

1 pato

45 ml / 3 cucharadas de harina de maíz (maicena)

45 ml / 3 cucharadas de salsa de soja

225 g / 8 oz de piña enlatada en almíbar

45 ml / 3 cucharadas de aceite de maní (maní)

2 rodajas de raíz de jengibre, cortadas en tiras

15 ml / 1 cucharada de vino de arroz o jerez seco

5 ml / 1 cucharadita de sal

Corta la carne del hueso y córtala en trozos. Mezcle la salsa de soja con 30 ml / 2 cucharadas de harina de maíz y mezcle con el pato hasta que esté bien cubierto. Deje reposar durante 1 hora, revolviendo de vez en cuando. Triturar la piña y el almíbar y calentar suavemente en una sartén. Mezcle la harina de maíz restante con un poco de agua, revuelva en la sartén y cocine a fuego lento, revolviendo, hasta que la salsa espese. Manténgase caliente. Calentar el aceite y freír el jengibre hasta que esté ligeramente dorado y luego desechar el jengibre. Agrega el pato y sofríe hasta que esté ligeramente dorado por todos lados. Agrega el vino o jerez y la sal y sofríe unos minutos más hasta que el pato esté cocido. Coloque el pato en un plato para servir calentado, vierta sobre la salsa y sirva de inmediato.

Pato de piña y jengibre

Para 4 personas

1 pato

100 g / 4 oz de jengibre en conserva en almíbar

200 g / 7 oz de trozos de piña enlatada en almíbar

5 ml / 1 cucharadita de sal

15 ml / 1 cucharada de harina de maíz (maicena)

30 ml / 2 cucharadas de agua

Coloque el pato en un recipiente resistente al calor y colóquelo en una sartén llena de agua hasta que llegue a dos tercios de la altura de los lados del recipiente. Llevar a ebullición, tapar y cocinar a fuego lento durante unas 2 horas hasta que el pato esté tierno. Retirar el pato y dejar enfriar un poco. Retirar la piel y el hueso y cortar el pato en trozos. Disponer en un plato para servir y mantenerlos calientes.

Escurre el almíbar del jengibre y la piña en una sartén, agrega la sal, la harina de maíz y el agua. Lleve a ebullición, revolviendo y cocine a fuego lento durante unos minutos, revolviendo, hasta que la salsa se aclare y espese. Agregue el jengibre y la piña, revuelva y vierta sobre el pato para servir.

Para 4 personas

4 pechugas de pato

15 ml / 1 cucharada de salsa de soja

1 clavo de anís estrellado

1 rodaja de raíz de jengibre

aceite de cacahuete para freír

90 ml / 6 cucharadas de vinagre de vino

100 g / 4 oz / ½ taza de azúcar morena

250 ml / 8 fl oz / ½ taza de caldo de pollo

15 ml / 1 cucharada de salsa de tomate (salsa de tomate)

200 g / 7 oz de trozos de piña enlatada en almíbar

15 ml / 1 cucharada de harina de maíz (maicena)

6 lichis enlatados

6 cerezas marrasquino

Coloque los patos, la salsa de soja, el anís y el jengibre en una cacerola y cubra con agua fría. Llevar a ebullición, desnatar, luego tapar y cocinar a fuego lento durante unos 45 minutos hasta que el pato esté cocido. Escurrir y secar. Freír en aceite caliente hasta que estén crujientes.

Mientras tanto, mezcle el vinagre de vino, el azúcar, el caldo, la salsa de tomate y 30 ml / 2 cucharadas de jarabe de piña en una sartén, lleve a ebullición y cocine a fuego lento durante unos 5 minutos hasta que espese. Agregue la fruta y caliente antes de verter sobre el pato para servir.

Pato con Cerdo y Castañas

Para 4 personas

6 hongos chinos secos

1 pato

225 g / 8 oz de castañas, sin cáscara

225 g / 8 oz de carne de cerdo magra, en cubos

3 cebolletas (cebolletas), picadas

1 rodaja de raíz de jengibre, picada

250 ml / 8 fl oz / 1 taza de salsa de soja

900 ml / 1½ pts / 3¾ tazas de agua

Remojar los champiñones en agua tibia durante 30 minutos y luego escurrir. Deseche los tallos y corte las tapas. Colocar en una sartén grande con todos los ingredientes restantes, llevar a ebullición, tapar y cocinar a fuego lento durante aproximadamente 1 hora y media hasta que el pato esté cocido.

Para 4 personas

75 ml / 5 cucharadas de aceite de maní (maní)

1 pato

3 dientes de ajo machacados

30 ml / 2 cucharadas de salsa de frijoles negros

10 ml / 2 cucharaditas de sal

1,2 l / 2 pts / 5 tazas de agua

2 puerros, en rodajas gruesas

15 ml / 1 cucharada de azúcar

45 ml / 3 cucharadas de salsa de soja

60 ml / 4 cucharadas de vino de arroz o jerez seco

1 clavo de anís estrellado

900 g / 2 lb de papas, en rodajas gruesas

½ cabeza de hojas chinas

15 ml / 1 cucharada de harina de maíz (maicena)

30 ml / 2 cucharadas de agua

ramitas de perejil de hoja plana

Calentar 60 ml / 4 cucharadas de aceite y freír el pato hasta que se dore por todos lados. Ata o cose el extremo del cuello y coloca el pato, con el cuello hacia abajo, en un recipiente hondo. Calentar el aceite restante y sofreír los ajos hasta que estén ligeramente dorados. Agrega la salsa de frijoles negros y la sal y sofríe por 1 minuto. Añadir el agua, los puerros, el azúcar, la salsa de soja, el vino o jerez y el anís estrellado y llevar a ebullición. Vierta 120 ml / 8 fl oz / 1 taza de la mezcla en la cavidad del pato y ate o cosa para asegurar. Lleve a ebullición el resto de la mezcla en la sartén. Agregue el pato y las papas, tape y cocine a fuego lento durante 40 minutos, volteando el pato una vez. Coloca las hojas chinas en un plato para servir. Retirar el pato de la sartén, cortar en trozos de 5 cm / 2 y colocar en el plato de servir con las patatas. Mezcle la harina de maíz con el agua hasta obtener una pasta, revuélvala en la sartén y cocine a fuego lento, revolviendo, hasta que la salsa espese.

Pato Cocido Rojo

Para 4 personas

1 pato

4 cebolletas (cebolletas), cortadas en trozos

2 rodajas de raíz de jengibre, cortadas en tiras

90 ml / 6 cucharadas de salsa de soja

45 ml / 3 cucharadas de vino de arroz o jerez seco

10 ml / 2 cucharaditas de sal

10 ml / 2 cucharaditas de azúcar

Coloque el pato en una sartén pesada, solo cúbralo con agua y déjelo hervir. Agregue las cebolletas, el jengibre, el vino o el jerez y la sal, tape y cocine a fuego lento durante aproximadamente 1 hora. Agregue el azúcar y cocine a fuego lento durante 45 minutos más hasta que el pato esté tierno. Cortar el pato en un plato para servir y servir caliente o frío, con o sin salsa.

Arroz Vino Pato Asado

Para 4 personas

1 pato

500 ml / 14 fl oz / 1¾ tazas de vino de arroz o jerez seco

5 ml / 1 cucharadita de sal

45 ml / 3 cucharadas de salsa de soja

Colocar el pato en una sartén de base gruesa con el jerez y la sal, llevar a ebullición, tapar y cocinar a fuego lento durante 20 minutos. Escurre el pato, reserva el líquido y frótalo con salsa de soja. Coloque sobre una rejilla en una fuente para asar llena de un poco de agua caliente y ase en un horno precalentado a 180 ° C / 350 ° F / marca de gas 4 durante aproximadamente 1 hora, rociando regularmente con el líquido de vino reservado.

Pato al vapor con vino de arroz

Para 4 personas

1 pato

4 cebolletas (cebolletas), cortadas por la mitad

1 rodaja de raíz de jengibre, picada

250 ml / 8 fl oz / 1 taza de vino de arroz o jerez seco

30 ml / 2 cucharadas de salsa de soja

pizca de sal

Escaldar el pato en agua hirviendo durante 5 minutos y escurrir. Coloque en un recipiente resistente al calor con los ingredientes restantes. Coloque el tazón en una cacerola llena de agua hasta que llegue a dos tercios de la altura de los lados del tazón. Llevar a ebullición, tapar y cocinar a fuego lento durante unas 2 horas hasta que el pato esté tierno. Deseche las cebolletas y el jengibre antes de servir.

Pato Salado

Para 4 personas

45 ml / 3 cucharadas de aceite de maní (maní)

4 pechugas de pato

3 cebolletas (cebolletas), en rodajas

2 dientes de ajo machacados

1 rodaja de raíz de jengibre, picada

250 ml / 8 fl oz / 1 taza de salsa de soja

30 ml / 2 cucharadas de vino de arroz o jerez seco

30 ml / 2 cucharadas de azúcar morena

5 ml / 1 cucharadita de sal

450 ml / ¾ pt / 2 tazas de agua

15 ml / 1 cucharada de harina de maíz (maicena)

Calentar el aceite y freír las pechugas de pato hasta que estén doradas. Agrega las cebolletas, el ajo y el jengibre y sofríe durante 2 minutos. Agrega la salsa de soja, el vino o jerez, el azúcar y la sal y mezcla bien. Agregue el agua, lleve a ebullición, tape y cocine a fuego lento durante aproximadamente 1 hora y media hasta que la carne esté muy tierna. Mezcle la harina de maíz con un poco de agua, luego revuélvala en la sartén y cocine a fuego lento, revolviendo, hasta que la salsa espese.

Pato Salado con Judías Verdes

Para 4 personas

45 ml / 3 cucharadas de aceite de maní (maní)

4 pechugas de pato

3 cebolletas (cebolletas), en rodajas

2 dientes de ajo machacados

1 rodaja de raíz de jengibre, picada

250 ml / 8 fl oz / 1 taza de salsa de soja

30 ml / 2 cucharadas de vino de arroz o jerez seco

30 ml / 2 cucharadas de azúcar morena

5 ml / 1 cucharadita de sal

450 ml / ¾ pt / 2 tazas de agua

225 g / 8 oz de judías verdes

15 ml / 1 cucharada de harina de maíz (maicena)

Calentar el aceite y freír las pechugas de pato hasta que estén doradas. Agrega las cebolletas, el ajo y el jengibre y sofríe durante 2 minutos. Agrega la salsa de soja, el vino o jerez, el azúcar y la sal y mezcla bien. Agregue el agua, lleve a ebullición, tape y cocine a fuego lento durante unos 45 minutos. Agregue los frijoles, tape y cocine a fuego lento durante 20 minutos más. Mezcle la harina de maíz con un poco de agua, luego revuélvala en la sartén y cocine a fuego lento, revolviendo, hasta que la salsa espese.

Pato cocido a fuego lento

Para 4 personas

1 pato

50 g / 2 oz / ½ taza de harina de maíz (maicena)

aceite para freír

2 dientes de ajo machacados

30 ml / 2 cucharadas de vino de arroz o jerez seco

30 ml / 2 cucharadas de salsa de soja

5 ml / 1 cucharadita de raíz de jengibre rallada

750 ml / 1 ¼ pts / 3 tazas de caldo de pollo

4 hongos chinos secos

225 g / 8 oz de brotes de bambú, en rodajas

225 g / 8 oz de castañas de agua, en rodajas

10 ml / 2 cucharaditas de azúcar

pizca de pimienta

5 cebolletas (cebolletas), en rodajas

Corta el pato en trozos pequeños. Reserve 30 ml / 2 cucharadas de harina de maíz y cubra el pato con la harina de maíz restante. Quita el exceso de polvo. Calentar el aceite y sofreír el ajo y el pato hasta que estén ligeramente dorados. Retirar de la sartén y escurrir sobre papel de cocina. Coloque el pato en una sartén grande. Mezclar el vino o jerez, 15 ml / 1 cucharada de salsa de soja y el jengibre. Añadir a la sartén y cocinar a fuego fuerte durante 2 minutos. Agregue la mitad del caldo, lleve a ebullición, tape y cocine a fuego lento durante aproximadamente 1 hora hasta que el pato esté tierno.

Mientras tanto, remoje los champiñones en agua tibia durante 30 minutos y luego escurra. Deseche los tallos y corte las tapas. Agregue los champiñones, los brotes de bambú y las castañas de agua al pato y cocine, revolviendo con frecuencia, durante 5 minutos. Quite la grasa del líquido. Licue el caldo restante, la harina de maíz y la salsa de soja con el azúcar y la pimienta y revuelva en la sartén. Lleve a ebullición, revolviendo, luego cocine a fuego lento durante unos 5 minutos hasta que la salsa espese. Transfiera a un tazón para servir caliente y sirva adornado con cebolletas.

Pato Salteado

Para 4 personas

1 clara de huevo, ligeramente batida

20 ml / 1½ cucharada de harina de maíz (maicena)

sal

450 g / 1 lb de pechugas de pato, en rodajas finas

45 ml / 3 cucharadas de aceite de maní (maní)

2 cebolletas (cebolletas), cortadas en tiras

1 pimiento verde cortado en tiritas

5 ml / 1 cucharadita de vino de arroz o jerez seco

75 ml / 5 cucharadas de caldo de pollo

2,5 ml / ½ cucharadita de azúcar

Batir la clara de huevo con 15 ml / 1 cucharada de harina de maíz y una pizca de sal. Agregue el pato en rodajas y mezcle hasta que el pato esté cubierto. Calentar el aceite y freír el pato hasta que esté bien cocido y dorado. Retire el pato de la sartén y escurra todo menos 30 ml / 2 cucharadas de aceite. Agrega las cebolletas y el pimiento y sofríe durante 3 minutos. Añadir el vino o jerez, el caldo y el azúcar y llevar a ebullición. Mezcle la harina de maíz restante con un poco de agua, revuélvala con la salsa y cocine a fuego lento, revolviendo, hasta que la salsa espese. Agregue el pato, caliente y sirva.

Pato con batatas

Para 4 personas

1 pato

250 ml / 8 fl oz / 1 taza de aceite de maní (maní)

225 g / 8 oz de batatas, peladas y cortadas en cubos

2 dientes de ajo machacados

1 rodaja de raíz de jengibre, picada

2,5 ml / ½ cucharadita de canela

2,5 ml / ½ cucharadita de clavo molido

pizca de anís molido

5 ml / 1 cucharadita de azúcar

15 ml / 1 cucharada de salsa de soja

250 ml / 8 fl oz / 1 taza de caldo de pollo

15 ml / 1 cucharada de harina de maíz (maicena)

30 ml / 2 cucharadas de agua

Picar el pato en trozos de 5 cm / 2. Calentar el aceite y sofreír las patatas hasta que se doren. Retirarlos de la sartén y escurrir todos menos 30 ml / 2 cucharadas de aceite. Agrega el ajo y el jengibre y sofríe durante 30 segundos. Agrega el pato y sofríe hasta que esté ligeramente dorado por todos lados. Agregue las especias, el azúcar, la salsa de soja y el caldo y deje hervir. Agregue las papas, tape y cocine a fuego lento durante unos 20 minutos hasta que el pato esté tierno. Mezcle la harina de maíz hasta obtener una pasta con el agua, luego revuélvala en la sartén y cocine a fuego lento, revolviendo, hasta que la salsa espese.

Pato agridulce

Para 4 personas

1 pato

1,2 l / 2 pts / 5 tazas de caldo de pollo

2 cebollas

2 zanahorias

2 dientes de ajo, en rodajas

15 ml / 1 cucharada de especias para encurtir

10 ml / 2 cucharaditas de sal

10 ml / 2 cucharaditas de aceite de cacahuete

6 cebolletas (cebolletas), picadas

1 mango, pelado y cortado en cubos

12 lichis, cortados a la mitad

15 ml / 1 cucharada de harina de maíz (maicena)

15 ml / 1 cucharada de vinagre de vino

10 ml / 2 cucharaditas de puré de tomate (pasta)

15 ml / 1 cucharada de salsa de soja

5 ml / 1 cucharadita de polvo de cinco especias

300 ml / ½ pt / 1¼ tazas de caldo de pollo

Colocar el pato en una canasta de vapor sobre una sartén que contenga el caldo, la cebolla, la zanahoria, el ajo, el encurtido y la sal. Cubra y cocine al vapor durante 2 horas y media. Enfriar el pato, tapar y dejar enfriar durante 6 horas. Retire la carne de los huesos y córtela en cubos. Calentar el aceite y freír el pato y las cebolletas hasta que estén crujientes. Agregue el resto de los ingredientes, hierva y cocine a fuego lento durante 2 minutos, revolviendo, hasta que la salsa espese.

Pato mandarina

Para 4 personas

1 pato

60 ml / 4 cucharadas de aceite de cacahuete

1 pieza de cáscara de mandarina seca

900 ml / 1½ pts / 3¾ tazas de caldo de pollo

5 ml / 1 cucharadita de sal

Cuelga el pato para que se seque durante 2 horas. Calentar la mitad del aceite y freír el pato hasta que esté ligeramente dorado. Transfiera a un tazón grande resistente al calor. Calentar el aceite restante y freír la cáscara de mandarina durante 2 minutos y luego colocarla dentro del pato. Vierta el caldo sobre el pato y sazone con sal. Coloque el tazón sobre una rejilla en una vaporera, cubra y cocine al vapor durante aproximadamente 2 horas hasta que el pato esté tierno.

Pato con Verduras

Para 4 personas

1 pato grande, picado en 16 trozos

sal

300 ml / ½ pt / 1¼ tazas de agua

300 ml / ½ pt / 1¼ tazas de vino blanco seco

120 ml / 4 fl oz / ½ taza de vinagre de vino

45 ml / 3 cucharadas de salsa de soja

30 ml / 2 cucharadas de salsa de ciruela

30 ml / 2 cucharadas de salsa hoisin

5 ml / 1 cucharadita de polvo de cinco especias

6 cebolletas (cebolletas), picadas

2 zanahorias picadas

5 cm / 2 de rábano blanco picado

50 g / 2 oz de col china, cortada en cubitos

pimienta recién molida

5 ml / 1 cucharadita de azúcar

Poner los trozos de pato en un bol, espolvorear con sal y añadir el agua y el vino. Agregue el vinagre de vino, la salsa de soja, la salsa de ciruela, la salsa hoisin y el polvo de cinco especias, lleve a ebullición, tape y cocine a fuego lento durante aproximadamente 1 hora. Agregue las verduras a la sartén, retire la tapa y cocine a fuego lento durante 10 minutos más. Condimentar con sal, pimienta y azúcar y dejar enfriar. Cubra y refrigere durante la noche. Quite la grasa y luego vuelva a calentar el pato en la salsa durante 20 minutos.

Para 4 personas

4 hongos chinos secos

1 pato

10 ml / 2 cucharaditas de harina de maíz (maicena)

15 ml / 1 cucharada de salsa de soja

45 ml / 3 cucharadas de aceite de maní (maní)

100 g / 4 oz de brotes de bambú, cortados en tiras

50 g / 2 oz de castañas de agua, cortadas en tiras

120 ml / 4 fl oz / ½ taza de caldo de pollo

15 ml / 1 cucharada de vino de arroz o jerez seco

5 ml / 1 cucharadita de sal

Remojar los champiñones en agua tibia durante 30 minutos y luego escurrir. Deseche los tallos y corte las tapas en dados. Retire la carne de los huesos y córtela en trozos. Mezclar la harina de maíz y la salsa de soja, agregar a la carne de pato y dejar reposar 1 hora. Calentar el aceite y sofreír el pato hasta que esté ligeramente dorado por todos lados. Retirar de la sartén. Agrega los champiñones, los brotes de bambú y las castañas de agua a la sartén y sofríe durante 3 minutos. Añada el caldo, el vino o el jerez y la sal, lleve a ebullición y cocine a fuego lento durante 3 minutos. Regrese el pato a la sartén, tape y cocine a fuego lento durante 10 minutos más hasta que el pato esté tierno.

Pato Cocido Blanco

Para 4 personas

1 rodaja de raíz de jengibre, picada

250 ml / 8 fl oz / 1 taza de vino de arroz o jerez seco

sal y pimienta recién molida

1 pato

3 cebolletas (cebolletas), picadas

5 ml / 1 cucharadita de sal

100 g / 4 oz de brotes de bambú, en rodajas

100 g / 4 oz de jamón ahumado, rebanado

Mezclar el jengibre, 15 ml / 1 cucharada de vino o jerez, un poco de sal y pimienta. Frote sobre el pato y déjelo reposar durante 1 hora. Coloque el ave en una sartén de base gruesa con la marinada y agregue las cebolletas y la sal. Agregue suficiente agua fría solo para cubrir el pato, hierva, cubra y cocine a fuego lento durante aproximadamente 2 horas hasta que el pato esté tierno. Agregue los brotes de bambú y el jamón y cocine a fuego lento durante 10 minutos más.

Pato con vino

Para 4 personas

1 pato

15 ml / 1 cucharada de salsa de frijoles amarillos

1 cebolla en rodajas

1 botella de vino blanco seco

Frote el pato por dentro y por fuera con la salsa de frijoles amarillos. Coloca la cebolla dentro de la cavidad. Llevar a ebullición el vino en una cacerola grande, agregar el pato, volver a hervir, tapar y dejar hervir a fuego lento durante unas 3 horas hasta que el pato esté tierno. Escurrir y cortar en rodajas para servir.

Huevos al vapor con pescado

Para 4 personas

225 g / 8 oz de filetes de lenguado, cortados en tiras

30 ml / 2 cucharadas de harina de maíz (maicena)

½ pimiento verde pequeño, finamente picado

1 cebolla tierna (cebolleta), finamente picada

30 ml / 2 cucharadas de aceite de cacahuete

120 ml / 4 fl oz / ½ taza de caldo de pollo

3 huevos, ligeramente batidos

pizca de sal

Espolvoree ligeramente las tiras de pescado en harina de maíz y luego sacuda el exceso. Colócalos en una fuente refractaria poco profunda. Espolvorear con el pimiento, la cebolleta y el aceite. Caliente el caldo de pollo, revuélvalo con los huevos y sazone con sal y luego vierta la mezcla sobre el pescado. Coloque el plato sobre una rejilla en una vaporera, cubra y cocine al vapor durante unos 40 minutos sobre agua hirviendo a fuego lento hasta que el pescado esté cocido y los huevos estén listos.

Huevos al vapor con jamón y pescado

Para 4 a 6 porciones

6 huevos, separados

225 g / 8 oz de bacalao picado (molido)

375 ml / 13 fl oz / 1½ tazas de agua tibia

pizca de sal

50 g / 2 oz de jamón ahumado, picado

15 ml / 1 cucharada de aceite de cacahuete

ramitas de perejil de hoja plana

Mezclar la clara de huevo con el pescado, la mitad del agua y un poco de sal y verter la mezcla en una fuente refractaria poco profunda. Mezclar las yemas de huevo con el agua restante, el jamón y un poco de sal y verterlo encima de la mezcla de clara de huevo. Coloque el plato sobre una rejilla en una vaporera, cubra y cocine al vapor sobre agua hirviendo a fuego lento durante unos 20 minutos hasta que los huevos estén listos. Calentar el aceite a punto humeante, verterlo sobre los huevos y servir adornado con perejil.

Huevos al vapor con cerdo

Para 4 personas

45 ml / 3 cucharadas de aceite de maní (maní)

225 g / 8 oz de carne de cerdo magra, picada (molida)

100 g / 4 oz de castañas de agua, picadas (molidas)

1 cebolla tierna (cebolleta), picada

30 ml / 2 cucharadas de salsa de soja

5 ml / 1 cucharadita de sal

120 ml / 4 fl oz / ½ taza de caldo de pollo

4 huevos, ligeramente batidos

Calentar el aceite y sofreír el cerdo, las castañas de agua y las cebolletas hasta que estén ligeramente coloreadas. Agregue la salsa de soja y la sal, luego escurra el exceso de aceite y vierta en una fuente refractaria poco profunda. Calentar el caldo, mezclar con los huevos y verter sobre la mezcla de carne. Coloque el plato sobre una rejilla en una vaporera, cubra y cocine al vapor sobre agua hirviendo a fuego lento durante unos 30 minutos hasta que los huevos estén listos.

Huevos de cerdo fritos

Para 4 personas

100 g / 4 oz de carne de cerdo picada (molida)

2 cebolletas (cebolletas) picadas

15 ml / 1 cucharada de harina de maíz (maicena)

15 ml / 1 cucharada de vino de arroz o jerez seco

15 ml / 1 cucharada de salsa de soja

2,5 ml / ½ cucharadita de sal

4 huevos duros (duros)

aceite para freír

½ cabeza de lechuga, rallada

Mezcle el cerdo, las cebolletas, la maicena, el vino o el jerez, la salsa de soja y la sal. Forma alrededor de los huevos para cubrirlos completamente. Calentar el aceite y freír los huevos hasta que la capa esté dorada y bien cocida. Retirar y escurrir bien para luego servir sobre una cama de lechuga.

Huevos fritos con salsa de soja

Para 4 personas

45 ml / 3 cucharadas de aceite de maní (maní)

4 huevos

15 ml / 1 cucharada de salsa de soja

¼ de lechuga picada

Calentar el aceite hasta que esté muy caliente y romper los huevos en la sartén. Cocine hasta que la parte inferior esté ligeramente dorada, espolvoree generosamente con salsa de soja y dé la vuelta sin romper la yema. Freír durante 1 minuto más. Coloca la lechuga en un plato para servir y coloca los huevos encima para servir.

Para 4 personas

45 ml / 3 cucharadas de aceite de maní (maní)

4 huevos

sal y pimienta recién molida

15 ml / 1 cucharada de salsa de soja

15 ml / 1 cucharada de perejil de hoja plana fresco picado

Calentar el aceite hasta que esté muy caliente y romper los huevos en la sartén. Cocine hasta que la parte inferior esté ligeramente dorada y luego espolvoree con sal, pimienta y salsa de soja. Dobla el huevo por la mitad y presiona suavemente para que se mantenga unido. Cocine por 2 minutos más hasta que estén dorados por ambos lados y luego sirva espolvoreado con perejil.

Huevos Fritos con Verduras

Para 4 personas

4 hongos chinos secos

30 ml / 2 cucharadas de aceite de cacahuete

2,5 ml / ½ cucharadita de sal

3 cebolletas (cebolletas), picadas

50 g / 2 oz de brotes de bambú, en rodajas

50 g / 2 oz de castañas de agua, en rodajas

90 ml / 6 cucharadas de caldo de pollo

10 ml / 2 cucharaditas de harina de maíz (maicena)

15 ml / 1 cucharada de agua

5 ml / 1 cucharadita de azúcar

aceite para freír

4 huevos

¼ de lechuga picada

Remojar los champiñones en agua tibia durante 30 minutos y luego escurrir. Deseche los tallos y corte las tapas. Calentar el aceite y la sal y sofreír las cebolletas durante 30 segundos. Agrega los brotes de bambú y las castañas de agua y sofríe durante 2 minutos. Agrega el caldo, lleva a ebullición, tapa y cocina a fuego lento durante 2 minutos. Licúa la harina de maíz y el agua hasta obtener una pasta y revuélvela en la sartén con el azúcar. Cocine a fuego lento, revolviendo, hasta que la salsa espese. Mientras tanto, calienta el aceite y sofríe los huevos durante unos minutos hasta que los bordes comiencen a dorarse. Coloque la lechuga en un plato para servir, cubra con los huevos y vierta sobre la salsa picante.

Tortilla china

Para 4 personas

4 huevos

sal y pimienta recién molida

30 ml / 2 cucharadas de aceite de cacahuete

Batir los huevos ligeramente y sazonar con sal y pimienta. Caliente el aceite y luego vierta los huevos en la sartén e incline la sartén para que el huevo cubra la superficie. Levante los bordes de la tortilla mientras los huevos se asientan para que el huevo crudo pueda correr por debajo. Cocine hasta que esté listo, luego dóblelo por la mitad y sirva de una vez.

Tortilla China con Brotes de Frijol

Para 4 personas

100 g / 4 oz de brotes de soja

4 huevos

sal y pimienta recién molida

30 ml / 2 cucharadas de aceite de cacahuete

½ pimiento verde pequeño, picado

2 cebolletas (cebolletas), picadas

Escaldar los brotes de soja en agua hirviendo durante 2 minutos y escurrir bien. Batir los huevos ligeramente y sazonar con sal y pimienta. Calentar el aceite y sofreír el pimiento y las cebolletas durante 1 minuto. Agregue los brotes de soja y revuelva hasta que estén cubiertos de aceite. Vierta los huevos en la sartén e incline la sartén para que el huevo cubra la superficie. Levante los bordes de la tortilla mientras los huevos se asientan para que el huevo crudo pueda correr por debajo. Cocine hasta que esté listo, luego dóblelo por la mitad y sirva de una vez.

Tortilla de coliflor

Para 4 personas

1 coliflor, partida en floretes

225 g / 8 oz de carne de pollo, picada (molida)

5 ml / 1 cucharadita de sal

3 claras de huevo, ligeramente batidas

2,5 ml / ½ cucharadita de sal de apio

45 ml / 3 cucharadas de caldo de pollo

45 ml / 3 cucharadas de aceite de maní (maní)

Escaldar los floretes de coliflor en agua hirviendo durante 10 minutos y luego escurrir bien. Mezclar el pollo, la sal, las claras de huevo, la sal de apio y el caldo. Batir con un batidor eléctrico hasta que la mezcla forme picos suaves. Calentar el aceite, agregar la mezcla de pollo y sofreír durante unos 2 minutos. Agrega la coliflor y sofríe durante 2 minutos más antes de servir.

Tortilla de Cangrejo con Salsa Marrón

Para 4 personas

15 ml / 1 cucharada de aceite de cacahuete

4 huevos batidos

2,5 ml / ½ cucharadita de sal

200 g / 7 oz de carne de cangrejo, en copos

175 ml / 6 fl oz / ¾ taza de caldo de pollo

15 ml / 1 cucharada de salsa de soja

10 ml / 2 cucharaditas de harina de maíz (maicena)

45 ml / 3 cucharadas de guisantes cocidos

Calentar el aceite. Batir los huevos y la sal y agregar la carne de cangrejo. Vierta en la sartén y cocine, levantando los bordes de la tortilla mientras los huevos se asientan para que el huevo crudo pueda correr por debajo. Cocine hasta que esté listo, luego dóblelo por la mitad y transfiéralo a un plato para servir caliente. Mientras tanto, calienta el caldo con la salsa de soja y la maicena, revolviendo hasta que la mezcla hierva y espese. Cocine a fuego lento durante 2 minutos y luego agregue los guisantes. Vierta sobre la tortilla justo antes de servir.

Tortilla de Jamón y Castañas de Agua

2 porciones

30 ml / 2 cucharadas de aceite de cacahuete

1 cebolla picada

1 diente de ajo machacado

50 g / 2 oz de jamón picado

50 g / 2 oz de castañas de agua, picadas

15 ml / 1 cucharada de salsa de soja

50 g / 2 oz de queso cheddar

3 huevos batidos

Calentar la mitad del aceite y sofreír la cebolla, el ajo, el jamón, las castañas de agua y la salsa de soja hasta que estén ligeramente dorados. Sácalos de la sartén. Caliente el aceite restante, agregue los huevos y extraiga el huevo hacia el centro cuando comience a cuajar para que el huevo crudo pueda correr por debajo. Cuando el huevo esté listo, vierta la mezcla de jamón en la mitad de la tortilla, cubra con el queso y doble la otra mitad de la tortilla. Tape y cocine por 2 minutos, luego dé vuelta y cocine por 2 minutos más hasta que estén dorados.

Tortilla con Bogavante

Para 4 personas

4 huevos

sal y pimienta recién molida

30 ml / 2 cucharadas de aceite de cacahuete

3 cebolletas (cebolletas), picadas

100 g / 4 oz de carne de langosta, picada

Batir los huevos ligeramente y sazonar con sal y pimienta. Calentar el aceite y sofreír las cebolletas durante 1 minuto. Agrega la langosta y revuelve hasta que esté cubierta de aceite. Vierta los huevos en la sartén e incline la sartén para que el huevo cubra la superficie. Levante los bordes de la tortilla mientras los huevos se asientan para que el huevo crudo pueda correr por debajo. Cocine hasta que esté listo, luego dóblelo por la mitad y sirva de una vez.

Tortilla de ostras

Para 4 personas

4 huevos

120 ml / 4 fl oz / ½ taza de leche

12 ostras sin cáscara

3 cebolletas (cebolletas), picadas

sal y pimienta recién molida

30 ml / 2 cucharadas de aceite de cacahuete

50 g / 2 oz de carne de cerdo magra, desmenuzada

50 g / 2 oz de champiñones, en rodajas

50 g / 2 oz de brotes de bambú, en rodajas

Batir ligeramente los huevos con la leche, las ostras, las cebolletas, la sal y la pimienta. Calentar el aceite y sofreír el cerdo hasta que esté ligeramente dorado. Agrega las setas y los brotes de bambú y sofríe durante 2 minutos. Vierta la mezcla de huevo en la sartén y cocine, levantando los bordes de la tortilla mientras los huevos se asientan para que el huevo crudo pueda correr por debajo. Cocine hasta que esté listo, luego dóblelo por la mitad, dé la vuelta a la tortilla y cocine hasta que esté ligeramente dorado por el otro lado. Sirva de una vez.

Tortilla de Gambas

Para 4 personas

4 huevos

15 ml / 1 cucharada de vino de arroz o jerez seco

sal y pimienta recién molida

30 ml / 2 cucharadas de aceite de cacahuete

1 rodaja de raíz de jengibre, picada

225 g / 8 oz de gambas peladas

Batir ligeramente los huevos con el vino o jerez y sazonar con sal y pimienta. Calentar el aceite y sofreír el jengibre hasta que esté ligeramente dorado. Agrega las gambas y revuelve hasta que estén cubiertas de aceite. Vierta los huevos en la sartén e incline la sartén para que el huevo cubra la superficie. Levante los bordes de la tortilla mientras los huevos se asientan para que el huevo crudo pueda correr por debajo. Cocine hasta que esté listo, luego dóblelo por la mitad y sirva de una vez.

Tortilla con Vieiras

Para 4 personas

4 huevos

5 ml / 1 cucharadita de salsa de soja

sal y pimienta recién molida

30 ml / 2 cucharadas de aceite de cacahuete

3 cebolletas (cebolletas), picadas

225 g / 8 oz de vieiras, cortadas por la mitad

Batir ligeramente los huevos con la salsa de soja y sazonar con sal y pimienta. Calentar el aceite y sofreír las cebolletas hasta que estén ligeramente doradas. Agrega las vieiras y sofríe durante 3 minutos. Vierta los huevos en la sartén e incline la sartén para que el huevo cubra la superficie. Levante los bordes de la tortilla mientras los huevos se asientan para que el huevo crudo pueda correr por debajo. Cocine hasta que esté listo, luego dóblelo por la mitad y sirva de una vez.

Tortilla con Tofu

Para 4 personas

4 huevos

sal y pimienta recién molida

30 ml / 2 cucharadas de aceite de cacahuete

225 g / 8 oz de tofu, triturado

Batir los huevos ligeramente y sazonar con sal y pimienta. Caliente el aceite, luego agregue el tofu y saltee hasta que esté bien caliente. Vierta los huevos en la sartén e incline la sartén para que el huevo cubra la superficie. Levante los bordes de la tortilla mientras los huevos se asientan para que el huevo crudo pueda correr por debajo. Cocine hasta que esté listo, luego dóblelo por la mitad y sirva de una vez.

Tortilla Rellena De Cerdo

Para 4 personas

50 g / 2 oz de brotes de soja

60 ml / 4 cucharadas de aceite de cacahuete

225 g / 8 oz de carne de cerdo magra, cortada en cubitos

3 cebolletas (cebolletas), picadas

1 tallo de apio picado

15 ml / 1 cucharada de salsa de soja

5 ml / 1 cucharadita de azúcar

4 huevos, ligeramente batidos

sal

Escaldar los brotes de soja en agua hirviendo durante 3 minutos y luego escurrir bien. Calentar la mitad del aceite y sofreír el cerdo hasta que esté ligeramente dorado. Agrega las cebolletas y el apio y sofríe durante 1 minuto. Agrega la salsa de soja y el azúcar y sofríe durante 2 minutos. Retirar de la sartén. Sazone los huevos batidos con sal. Calentar el aceite restante y verter los huevos en la sartén, inclinando la sartén para que el huevo cubra la superficie. Levante los bordes de la tortilla mientras los huevos se asientan para que el huevo crudo pueda correr por debajo. Coloque el relleno en la mitad de la tortilla y dóblelo por la mitad. Cocine hasta que esté listo y luego sirva de una vez.

Tortilla Rellena De Gambas

Para 4 personas

30 ml / 2 cucharadas de aceite de cacahuete

2 tallos de apio picados

2 cebolletas (cebolletas), picadas

225 g / 8 oz de gambas peladas, cortadas por la mitad

4 huevos, ligeramente batidos

sal

Calentar la mitad del aceite y sofreír el apio y la cebolla hasta que estén ligeramente dorados. Agrega las gambas y sofríe hasta que estén bien calientes. Retirar de la sartén. Sazone los huevos batidos con sal. Calentar el aceite restante y verter los huevos en la sartén, inclinando la sartén para que el huevo cubra la superficie. Levante los bordes de la tortilla mientras los huevos se asientan para que el huevo crudo pueda correr por debajo. Coloque el relleno en la mitad de la tortilla y dóblelo por la mitad. Cocine hasta que esté listo y luego sirva de una vez.

Rollos de tortilla al vapor con relleno de pollo

Para 4 personas

4 huevos, ligeramente batidos

sal

15 ml / 1 cucharada de aceite de cacahuete

100 g / 4 oz de pollo cocido, picado

2 rodajas de raíz de jengibre, picadas

1 cebolla picada

120 ml / 4 fl oz / ½ taza de caldo de pollo

15 ml / 1 cucharada de vino de arroz o jerez seco

Batir los huevos y sazonar con sal. Calentar un poco de aceite y verter una cuarta parte de los huevos, inclinando para esparcir la mezcla sobre la sartén. Freír hasta que se dore ligeramente por un lado y dejar reposar, luego poner boca abajo en un plato. Cocina las 4 tortillas restantes. Mezclar el pollo, el jengibre y la cebolla. Coloque la mezcla en partes iguales entre las tortillas, enróllelas, asegúrelas con palitos de cóctel y coloque los panecillos en una fuente refractaria poco profunda. Coloque sobre una rejilla en una vaporera, cubra y cocine al vapor durante 15 minutos. Transfiera a un plato para servir caliente y córtelo en rodajas gruesas. Mientras tanto, caliente el caldo y el jerez y sazone con sal. Verter sobre las tortillas y servir.

Panqueques de ostra

Para 4 a 6 porciones

12 ostras

4 huevos, ligeramente batidos

3 cebolletas (cebolletas), en rodajas

sal y pimienta recién molida

6 ml / 4 cucharadas de harina común (para todo uso)

2,5 ml / ½ cucharadita de levadura en polvo

45 ml / 3 cucharadas de aceite de maní (maní)

Pelar las ostras, reservando 60 ml / 4 cucharadas de licor, y picarlas en trozos grandes. Mezclar los huevos con las ostras, las cebolletas, la sal y la pimienta. Mezcle la harina y el polvo de hornear, mezcle hasta obtener una pasta con el licor de ostras y luego mezcle la mezcla con los huevos. Calentar un poco de aceite y sofreír cucharadas de la masa para hacer pequeños panqueques. Cocine hasta que estén ligeramente dorados por cada lado, luego agregue un poco más de aceite a la sartén y continúe hasta que se haya usado toda la mezcla.

Tortitas de gambas

Para 4 personas

50 g / 4 oz de gambas peladas, picadas

4 huevos, ligeramente batidos

75 g / 3 oz / ½ taza colmada de harina común (para todo uso)

sal y pimienta recién molida

120 ml / 4 fl oz / ½ taza de caldo de pollo

2 cebolletas (cebolletas), picadas

30 ml / 2 cucharadas de aceite de cacahuete

Mezcle todos los ingredientes excepto el aceite. Calentar un poco de aceite, verter una cuarta parte de la masa, inclinando la sartén para esparcirla por la base. Cocine hasta que esté ligeramente dorado en la parte inferior, luego voltee y dore el otro lado. Retirar de la sartén y continuar cocinando los panqueques restantes.

Huevos Revueltos Chinos

Para 4 personas

4 huevos batidos

2 cebolletas (cebolletas), picadas

pizca de sal

5 ml / 1 cucharadita de salsa de soja (opcional)

30 ml / 2 cucharadas de aceite de cacahuete

Batir los huevos con las cebolletas, la sal y la salsa de soja, si se usa. Caliente el aceite y luego vierta la mezcla de huevo. Revuelva suavemente con un tenedor hasta que los huevos estén listos. Sirva de una vez.

Huevos Revueltos con Pescado

Para 4 personas

225 g / 8 oz de filete de pescado

30 ml / 2 cucharadas de aceite de cacahuete

1 rodaja de raíz de jengibre, picada

2 cebolletas (cebolletas), picadas

4 huevos, ligeramente batidos

sal y pimienta recién molida

Coloca el pescado en un recipiente refractario y colócalo sobre una rejilla en una vaporera. Cubra y cocine al vapor durante unos 20 minutos, luego retire la piel y desmenuce la pulpa. Calentar el aceite y sofreír el jengibre y las cebolletas hasta que se doren un poco. Agrega el pescado y revuelve hasta que esté cubierto de aceite. Sazone los huevos con sal y pimienta, luego viértalos en la sartén y revuelva suavemente con un tenedor hasta que los huevos estén listos. Sirva de una vez.

Huevos Revueltos con Champiñones

Para 4 personas

30 ml / 2 cucharadas de aceite de cacahuete

4 huevos batidos

3 cebolletas (cebolletas), picadas

pizca de sal

5 ml / 1 cucharadita de salsa de soja

100 g / 4 oz de champiñones, picados en trozos grandes

Caliente la mitad del aceite y fría los champiñones durante unos minutos hasta que estén bien calientes y luego retírelos de la sartén. Batir los huevos con las cebolletas, la sal y la salsa de soja. Caliente el aceite restante y luego vierta la mezcla de huevo. Revuelva suavemente con un tenedor hasta que los huevos comiencen a cuajar, luego regrese los champiñones a la sartén y cocine hasta que los huevos estén listos. Sirva de una vez.

Huevos Revueltos con Salsa de Ostras

Para 4 personas

4 huevos batidos

3 cebolletas (cebolletas), picadas

sal y pimienta recién molida

5 ml / 1 cucharadita de salsa de soja

30 ml / 2 cucharadas de aceite de cacahuete

15 ml / 1 cucharada de salsa de ostras

100 g / 4 oz de jamón cocido, desmenuzado

2 ramitas de perejil de hoja plana

Batir los huevos con las cebolletas, la sal, la pimienta y la salsa de soja. Agrega la mitad del aceite. Caliente el aceite restante y luego vierta la mezcla de huevo. Revuelva suavemente con un tenedor hasta que los huevos comiencen a cuajar, luego agregue la salsa de ostras y cocine hasta que los huevos estén listos. Servir adornado con el jamón y el perejil.

Huevos Revueltos con Cerdo

Para 4 personas

225 g / 8 oz de carne de cerdo magra, cortada en rodajas

30 ml / 2 cucharadas de salsa de soja

30 ml / 2 cucharadas de aceite de cacahuete

2 cebolletas (cebolletas), picadas

4 huevos batidos

pizca de sal

5 ml / 1 cucharadita de salsa de soja

Mezcle la carne de cerdo y la salsa de soja para que la carne de cerdo quede bien cubierta. Calentar el aceite y sofreír el cerdo hasta que esté ligeramente dorado. Agrega las cebolletas y sofríe durante 1 minuto. Batir los huevos con las cebolletas, la sal y la salsa de soja y luego verter la mezcla de huevo en la sartén. Revuelva suavemente con un tenedor hasta que los huevos estén listos. Sirva de una vez.

Huevos Revueltos con Cerdo y Gambas

Para 4 personas

100 g / 4 oz de carne de cerdo picada (molida)

225 g / 8 oz de gambas peladas

2 cebolletas (cebolletas), picadas

1 rodaja de raíz de jengibre, picada

5 ml / 1 cucharadita de harina de maíz (maicena)

15 ml / 1 cucharada de vino de arroz o jerez seco

15 ml / 1 cucharada de salsa de soja

sal y pimienta recién molida

45 ml / 3 cucharadas de aceite de maní (maní)

4 huevos, ligeramente batidos

Mezclar el cerdo, las gambas, las cebolletas, el jengibre, la maicena, el vino o jerez, la salsa de soja, la sal y la pimienta. Calentar el aceite y sofreír la mezcla de cerdo hasta que se dore un poco. Vierta los huevos y revuelva suavemente con un tenedor hasta que los huevos estén listos. Sirva de una vez.

Para 4 personas

45 ml / 3 cucharadas de aceite de maní (maní)

225 g / 8 oz de espinacas

4 huevos batidos

2 cebolletas (cebolletas), picadas

pizca de sal

Calentar la mitad del aceite y sofreír las espinacas durante unos minutos hasta que se pongan de un color verde brillante pero no se marchiten. Retirarlo de la sartén y picarlo finamente. Batir los huevos con las cebolletas, la sal y la salsa de soja, si se usa. Agrega las espinacas. Caliente el aceite y luego vierta la mezcla de huevo. Revuelva suavemente con un tenedor hasta que los huevos estén listos. Sirva de una vez.

Huevos Revueltos con Cebolletas

Para 4 personas

4 huevos batidos

8 cebolletas (cebolletas), picadas

sal y pimienta recién molida

5 ml / 1 cucharadita de salsa de soja

30 ml / 2 cucharadas de aceite de cacahuete

Batir los huevos con las cebolletas, la sal, la pimienta y la salsa de soja. Caliente el aceite y luego vierta la mezcla de huevo. Revuelva suavemente con un tenedor hasta que los huevos estén listos. Sirva de una vez.

Huevos Revueltos con Tomate

Para 4 personas

4 huevos batidos

2 cebolletas (cebolletas), picadas

pizca de sal

30 ml / 2 cucharadas de aceite de cacahuete

3 tomates, sin piel y picados

Batir los huevos con las cebolletas y la sal. Caliente el aceite y luego vierta la mezcla de huevo. Revuelva suavemente hasta que los huevos comiencen a cuajar, luego mezcle los tomates y continúe cocinando, revolviendo, hasta que cuaje. Sirva de una vez.

Para 4 personas

30 ml / 2 cucharadas de aceite de cacahuete

5 ml / 1 cucharadita de aceite de sésamo

1 pimiento verde cortado en cubitos

1 diente de ajo picado

100 g / 4 oz de tirabeques (guisantes), cortados por la mitad

4 huevos batidos

2 cebolletas (cebolletas), picadas

pizca de sal

5 ml / 1 cucharadita de salsa de soja

Calentar la mitad del aceite de cacahuete con el aceite de sésamo y sofreír el pimiento y el ajo hasta que estén ligeramente dorados. Agrega el tirabeque y sofríe durante 1 minuto. Batir los huevos con las cebolletas, la sal y la salsa de soja y luego verter la mezcla en la sartén. Revuelva suavemente con un tenedor hasta que los huevos estén listos. Sirva de una vez.

Soufflé de pollo

Para 4 personas

100 g / 4 oz de pechuga de pollo picada

(suelo)

45 ml / 3 cucharadas de caldo de pollo

2,5 ml / ½ cucharadita de sal

4 claras de huevo

75 ml / 5 cucharadas de aceite de maní (maní)

Mezcle bien el pollo, el caldo y la sal. Batir las claras de huevo hasta que estén firmes e incorporarlas a la mezcla. Caliente el aceite hasta que esté humeante, agregue la mezcla y revuelva bien, luego baje el fuego y continúe cocinando, revolviendo suavemente, hasta que la mezcla esté firme.

Soufflé de cangrejo

Para 4 personas

100 g / 4 oz de carne de cangrejo, en copos

sal

15 ml / 1 cucharada de harina de maíz (maicena)

120 ml / 4 fl oz / ½ taza de leche

4 claras de huevo

75 ml / 5 cucharadas de aceite de maní (maní)

Mezclar la carne de cangrejo, la sal, la maicena y mezclar bien. Batir las claras de huevo hasta que estén firmes y luego incorporarlas a la mezcla. Caliente el aceite hasta que esté humeante, agregue la mezcla y revuelva bien, luego baje el fuego y continúe cocinando, revolviendo suavemente, hasta que la mezcla esté firme.

Soufflé de cangrejo y jengibre

Para 4 personas

75 ml / 5 cucharadas de aceite de maní (maní)

2 rodajas de raíz de jengibre, picadas

1 cebolla tierna (cebolleta), picada

100 g / 4 oz de carne de cangrejo, en copos

sal

15 ml / 1 cucharada de vino de arroz o jerez seco

120 ml / 4 ft oz / k taza de leche

60 ml / 4 cucharadas de caldo de pollo

15 ml / 2 cucharadas de harina de maíz (maicena)

4 claras de huevo

5 ml / 1 cucharadita de aceite de sésamo

Calentar la mitad del aceite y sofreír el jengibre y la cebolla hasta que se ablanden. Agrega la carne de cangrejo y la sal, retira del fuego y deja enfriar un poco. Mezcle el vino o jerez, la leche, el caldo y la harina de maíz y luego mezcle esto con la mezcla de carne de cangrejo. Batir las claras de huevo hasta que estén firmes y luego incorporarlas a la mezcla. Caliente el aceite restante hasta que esté humeante, agregue la mezcla y revuelva bien, luego baje el fuego y continúe cocinando, revolviendo suavemente, hasta que la mezcla esté firme.

Soufflé de pescado

Para 4 personas

3 huevos, separados

5 ml / 1 cucharadita de salsa de soja

5 ml / 1 cucharadita de azúcar

sal y pimienta recién molida

450 g / 1 libra de filetes de pescado

45 ml / 3 cucharadas de aceite de maní (maní)

Mezclar las yemas de huevo con la salsa de soja, el azúcar, la sal y la pimienta. Corta el pescado en trozos grandes. Sumerja el pescado en la mezcla hasta que esté bien cubierto. Calentar el aceite y sofreír el pescado hasta que esté ligeramente dorado por la parte inferior. Mientras tanto, bata las claras de huevo hasta que estén firmes. Dale la vuelta al pescado y coloca la clara de huevo en la parte superior del pescado. Cocine durante 2 minutos hasta que la parte inferior esté ligeramente dorada, luego voltee nuevamente y cocine por 1 minuto más hasta que la clara de huevo esté firme y dorada. Sirve con salsa de tomate.

Soufflé de gambas

Para 4 personas

225 g / 8 oz de gambas peladas, picadas

1 rodaja de raíz de jengibre, picada

15 ml / 1 cucharada de vino de arroz o jerez seco

15 ml / 1 cucharada de salsa de soja

sal y pimienta recién molida

4 claras de huevo

45 ml / 3 cucharadas de aceite de maní (maní)

Mezclar las gambas, el jengibre, el vino o jerez, la salsa de soja, la sal y la pimienta. Batir las claras de huevo hasta que estén firmes y luego incorporarlas a la mezcla. Caliente el aceite hasta que esté humeante, agregue la mezcla y revuelva bien, luego baje el fuego y continúe cocinando, revolviendo suavemente, hasta que la mezcla esté firme.

Soufflé de gambas con brotes de soja

Para 4 personas

100 g / 4 oz de brotes de soja

100 g / 4 oz de gambas peladas, picadas en trozos grandes

2 cebolletas (cebolletas), picadas

5 ml / 1 cucharadita de harina de maíz (maicena)

15 ml / 1 cucharada de vino de arroz o jerez seco

120 ml / 4 fl oz / ½ taza de caldo de pollo

sal

4 claras de huevo

45 ml / 3 cucharadas de aceite de maní (maní)

Escaldar los brotes de soja en agua hirviendo durante 2 minutos, luego escurrir y mantener caliente. Mientras tanto, mezcle las gambas, la cebolla, la maicena, el vino o el jerez y el caldo y sazone con sal. Batir las claras de huevo hasta que estén firmes y luego incorporarlas a la mezcla. Caliente el aceite hasta que esté humeante, agregue la mezcla y revuelva bien, luego baje el fuego y continúe cocinando, revolviendo suavemente, hasta que la mezcla esté firme. Coloque en un plato para servir caliente y cubra con los brotes de soja.

Soufflé de verduras

Para 4 personas

5 huevos, separados

3 patatas ralladas

1 cebolla pequeña finamente picada

15 ml / 1 cucharada de perejil fresco picado

5 ml / 1 cucharadita de salsa de soja

sal y pimienta recién molida

Batir las claras de huevo a punto de nieve. Batir las yemas de huevo hasta que estén pálidas y espesas, luego agregar las papas, la cebolla, el perejil y la salsa de soja y mezclar bien.

Incorporar las claras de huevo. Vierta en una fuente de soufflé engrasada y hornee en un horno precalentado a 180 ° C / 350 ° F / marca de gas 4 durante unos 40 minutos.

Huevo Foo Yung

Para 4 personas

4 huevos, ligeramente batidos

sal

100 g / 4 oz de pollo cocido, picado

1 cebolla picada

2 tallos de apio picados

50 g / 2 oz de champiñones, picados

30 ml / 2 cucharadas de aceite de cacahuete

salsa de huevo foo yung

Mezcle los huevos, la sal, el pollo, la cebolla, el apio y los champiñones. Caliente un poco de aceite y vierta una cuarta parte de la mezcla en la sartén. Freír hasta que la parte inferior esté ligeramente dorada, luego voltear y dorar el otro lado. Sirva con salsa foo yung de huevo.

Huevo Frito Foo Yung

Para 4 personas

4 huevos, ligeramente batidos

5 ml / 1 cucharadita de sal

100 g / 4 oz de jamón ahumado, picado

100 g de champiñones picados

15 ml / 1 cucharada de salsa de soja

aceite para freír

Mezclar los huevos con la sal, el jamón, los champiñones y la salsa de soja. Calienta el aceite y vierte con cuidado cucharadas de la mezcla en el aceite. Cocine hasta que suban a la superficie, déles la vuelta hasta que se doren por ambos lados. Retirar del aceite y escurrir mientras cocinas los panqueques restantes.

Cangrejo Foo Yung con Champiñones

Para 4 personas

6 huevos batidos

45 ml / 3 cucharadas de harina de maíz (maicena)

100 g / 4 oz de carne de cangrejo

100 g / 4 oz de champiñones, cortados en cubitos

100 g / 4 oz de guisantes congelados

2 cebolletas (cebolletas), picadas

5 ml / 1 cucharadita de sal

45 ml / 3 cucharadas de aceite de maní (maní)

Batir los huevos y luego incorporar la harina de maíz. Agregue todos los ingredientes restantes excepto el aceite. Calentar un poco de aceite y verter la mezcla en la sartén poco a poco para hacer tortitas pequeñas de unos 7,5 cm de ancho. Freír hasta que el fondo esté ligeramente dorado, luego voltear y dorar el otro lado. Continúe hasta que haya usado toda la mezcla.

Jamón Huevo Foo Yung

Para 4 personas

60 ml / 4 cucharadas de aceite de cacahuete

50 g / 2 oz de brotes de bambú, cortados en cubitos

50 g / 2 oz de castañas de agua, cortadas en cubitos

2 cebolletas (cebolletas), picadas

2 tallos de apio, cortados en cubitos

50 g / 2 oz de jamón ahumado, cortado en cubitos

15 ml / 1 cucharada de salsa de soja

2,5 ml / ½ cucharadita de azúcar

2,5 ml / ½ cucharadita de sal

4 huevos, ligeramente batidos

Calentar la mitad del aceite y sofreír los brotes de bambú, las castañas de agua, las cebolletas y el apio durante unos 2 minutos. Agrega el jamón, la salsa de soja, el azúcar y la sal, retira de la sartén y deja enfriar un poco. Agrega la mezcla a los huevos batidos. Calentar un poco del aceite restante y verter la mezcla en la sartén poco a poco para hacer tortitas pequeñas de unos 7,5 cm de ancho. Freír hasta que el fondo esté ligeramente dorado, luego voltear y dorar el otro lado. Continúe hasta que haya usado toda la mezcla.

Huevo de cerdo asado Foo Yung

Para 4 personas

4 hongos chinos secos

60 ml / 3 cucharadas de aceite de cacahuete

100 g / 4 oz de cerdo asado, desmenuzado

100 g / 4 oz de col china, rallada

50 g / 2 oz de brotes de bambú, en rodajas

50 g / 2 oz de castañas de agua, en rodajas

4 huevos, ligeramente batidos

sal y pimienta recién molida

Remojar los champiñones en agua tibia durante 30 minutos y luego escurrir. Deseche los tallos y corte las tapas. Calentar 30 ml / 2 cucharadas de aceite y sofreír las setas, el cerdo, el repollo, los brotes de bambú y las castañas de agua durante 3 minutos. Retirar de la sartén y dejar enfriar un poco, luego mezclarlos con los huevos y sazonar con sal y pimienta. Calentar un poco del aceite restante y verter la mezcla en la sartén poco a poco para hacer tortitas pequeñas de unos 7,5 cm de ancho. Freír hasta que el fondo esté ligeramente dorado, luego voltear y dorar el otro lado. Continúe hasta que haya usado toda la mezcla.

Huevo de cerdo y gambas Foo Yung

Para 4 personas

45 ml / 3 cucharadas de aceite de maní (maní)

100 g / 4 oz de carne de cerdo magra, cortada en rodajas

1 cebolla picada

225 g / 8 oz de gambas peladas, cortadas en rodajas

50 g / 2 oz de col china, rallada

4 huevos, ligeramente batidos

sal y pimienta recién molida

Calentar 30 ml / 2 cucharadas de aceite y sofreír el cerdo y la cebolla hasta que estén ligeramente dorados. Agrega las gambas y sofríe hasta que estén cubiertas de aceite, luego agrega el repollo, revuelve bien, tapa y cocina a fuego lento durante 3 minutos. Retirar de la sartén y dejar enfriar un poco. Agrega la mezcla de carne a los huevos y sazona con sal y pimienta. Calentar un poco del aceite restante y verter la mezcla en la sartén poco a poco para hacer tortitas pequeñas de unos 7,5 cm de ancho. Freír hasta que el fondo esté ligeramente dorado, luego voltear y dorar el otro lado. Continúe hasta que haya usado toda la mezcla.

Arroz blanco

Para 4 personas

225 g / 8 oz / 1 taza de arroz de grano largo

15 ml / 1 cucharada de aceite

750 ml / 1¼ pts / 3 tazas de agua

Lave el arroz y luego colóquelo en una cacerola. Agregue el agua al aceite y luego agréguelo a la sartén de modo que quede aproximadamente 2,5 cm por encima del arroz. Lleve a ebullición, cubra con una tapa hermética, reduzca el fuego y cocine a fuego lento durante 20 minutos.

Arroz integral hervido

Para 4 personas

225 g / 8 oz / 1 taza de arroz integral de grano largo

5 ml / 1 cucharadita de sal

900 ml / 1½ pts / 3¾ tazas de agua

Lave el arroz y luego colóquelo en una cacerola. Agregue la sal y el agua para que quede unos 3 cm por encima del arroz. Llevar a ebullición, cubrir con una tapa hermética, reducir el fuego y dejar hervir a fuego lento durante 30 minutos, asegurándose de que no hierva en seco.

Arroz con Ternera

Para 4 personas

225 g / 8 oz / 1 taza de arroz de grano largo

100 g / 4 oz de carne de res picada (molida)

1 rodaja de raíz de jengibre, picada

15 ml / 1 cucharada de salsa de soja

15 ml / 1 cucharada de vino de arroz o jerez seco

5 ml / 1 cucharadita de aceite de cacahuete

2,5 ml / ½ cucharadita de azúcar

2,5 ml / ½ cucharadita de sal

Coloque el arroz en una cacerola grande y déjelo hervir. Tape y cocine a fuego lento durante unos 10 minutos hasta que se haya absorbido la mayor parte del líquido. Mezclar el resto de los ingredientes, colocar encima del arroz, tapar y cocinar 20 minutos más a fuego lento hasta que esté cocido. Revuelva los ingredientes antes de servir.

Arroz con hígado de pollo

Para 4 personas

225 g / 8 oz / 1 taza de arroz de grano largo

375 ml / 13 fl oz / 1½ tazas de caldo de pollo

sal

2 hígados de pollo cocidos, en rodajas finas

Colocar el arroz y el caldo en una cacerola grande y llevar a ebullición. Tape y cocine a fuego lento durante unos 10 minutos hasta que el arroz esté casi tierno. Retire la tapa y continúe cocinando a fuego lento hasta que la mayor parte del caldo se haya absorbido. Sazone al gusto con sal, agregue los hígados de pollo y caliente suavemente antes de servir.

Arroz con Pollo y Champiñones

Para 4 personas

225 g / 8 oz / 1 taza de arroz de grano largo

100 g / 4 oz de carne de pollo, desmenuzada

100 g / 4 oz de champiñones, cortados en cubitos

5 ml / 1 cucharadita de harina de maíz (maicena)

5 ml / 1 cucharadita de salsa de soja

5 ml / 1 cucharadita de vino de arroz o jerez seco

pizca de sal

15 ml / 1 cucharada de cebolletas tiernas picadas (cebolletas)

15 ml / 1 cucharada de salsa de ostras

Coloque el arroz en una cacerola grande y déjelo hervir. Tape y cocine a fuego lento durante unos 10 minutos hasta que se haya absorbido la mayor parte del líquido. Mezclar todos los ingredientes restantes excepto las cebolletas y la salsa de ostras, colocar encima del arroz, tapar y cocinar 20 minutos más a fuego lento hasta que esté cocido. Mezcle los ingredientes y espolvoree con cebolletas y salsa de ostras antes de servir.

Arroz de coco

Para 4 personas

225 g / 8 oz / 1 taza de arroz con aroma tailandés

1 l / 1¾ pts / 4¼ tazas de leche de coco

150 ml / ¼ pt / generosa ½ taza de crema de coco

1 ramita de cilantro picado

pizca de sal

Llevar a ebullición todos los ingredientes en una cacerola, tapar y dejar que el arroz se hinche a fuego lento durante unos 25 minutos, revolviendo de vez en cuando.

Arroz con Carne de Cangrejo

Para 4 personas

225 g / 8 oz / 1 taza de arroz de grano largo

100 g / 4 oz de carne de cangrejo, en copos

2 rodajas de raíz de jengibre, picadas

15 ml / 1 cucharada de salsa de soja

15 ml / 1 cucharada de vino de arroz o jerez seco

5 ml / 1 cucharadita de aceite de cacahuete

5 ml / 1 cucharadita de harina de maíz (maicena)

sal y pimienta recién molida

Coloque el arroz en una cacerola grande y déjelo hervir. Tape y cocine a fuego lento durante unos 10 minutos hasta que se haya absorbido la mayor parte del líquido. Mezclar el resto de los ingredientes, colocar encima del arroz, tapar y cocinar 20 minutos más a fuego lento hasta que esté cocido. Revuelva los ingredientes antes de servir.

Para 4 personas

225 g / 8 oz / 1 taza de arroz de grano largo

350 g / 12 oz de guisantes

30 ml / 2 cucharadas de salsa de soja

Colocar el arroz y el caldo en una cacerola grande y llevar a ebullición. Agregue los guisantes, tape y cocine a fuego lento durante unos 20 minutos hasta que el arroz esté casi tierno. Retire la tapa y continúe cocinando a fuego lento hasta que se haya absorbido la mayor parte del líquido. Tapar y dejar reposar del fuego durante 5 minutos y luego servir espolvoreado con salsa de soja.

Arroz con Pimienta

Para 4 personas

225 g / 8 oz / 1 taza de arroz de grano largo

2 cebolletas (cebolletas), picadas

1 pimiento rojo cortado en cubitos

45 ml / 3 cucharadas de salsa de soja

30 ml / 2 cucharadas de aceite de cacahuete

5 ml / 1 cucharadita de azúcar

Colocar el arroz en una cacerola, cubrir con agua fría, llevar a ebullición, tapar y cocinar a fuego lento durante unos 20 minutos hasta que esté tierno. Escurrir bien y luego agregar las cebolletas, la pimienta, la salsa de soja, el aceite y el azúcar. Transfiera a un tazón para servir caliente y sirva de inmediato.

Arroz con huevo escalfado

Para 4 personas

225 g / 8 oz / 1 taza de arroz de grano largo

4 huevos

15 ml / 1 cucharada de salsa de ostras

Coloque el arroz en una sartén, cubra con agua fría, deje hervir, tape y cocine a fuego lento durante unos 10 minutos hasta que esté tierno. Escurrir y colocar en un plato para servir caliente. Mientras tanto, hierva una olla con agua, rompa con cuidado los huevos y cocine durante unos minutos hasta que las claras estén listas pero los huevos aún húmedos. Sacar de la sartén con una espumadera y colocar encima del arroz. Sirve espolvoreado con salsa de ostras.

Para 4 personas

225 g / 8 oz / 1 taza de arroz de grano largo

5 ml / 1 cucharadita de sal

1,2 l / 2 pts / 5 tazas de agua

Lavar el arroz y luego colocarlo en una cacerola con la sal y el agua. Lleve a ebullición, luego reduzca el fuego y cocine a fuego lento durante unos 15 minutos hasta que el arroz esté tierno. Escurrir en un colador y enjuagar con agua caliente antes de servir.

Arroz Slow Boat

Para 4 personas

225 g / 8 oz / 1 taza de arroz de grano largo

5 ml / 1 cucharadita de sal

15 ml / 1 cucharada de aceite

750 ml / 1¼ pts / 3 tazas de agua

Lavar el arroz y colocarlo en una fuente refractaria con la sal, el aceite y el agua. Tape y hornee en un horno precalentado a 120 ° C / 250 ° F / marca de gas ½ durante aproximadamente 1 hora hasta que se haya absorbido toda el agua.

Arroz al horno al vapor

Para 4 personas

225 g / 8 oz / 1 taza de arroz de grano largo

5 ml / 1 cucharadita de sal

450 ml / ¾ pt / 2 tazas de agua

Colocar el arroz, la sal y el agua en una cazuela, tapar y hornear en un horno precalentado a 180 ° C / 350 ° F / marca de gas 4 durante unos 30 minutos.

Arroz frito

Para 4 personas

225 g / 8 oz / 1 taza de arroz de grano largo

750 ml / 1¼ pts / 3 tazas de agua

30 ml / 2 cucharadas de aceite de cacahuete

1 huevo batido

2 dientes de ajo machacados

pizca de sal

1 cebolla finamente picada

3 cebolletas (cebolletas), picadas

2,5 ml / ½ cucharadita de melaza negra

Coloque el arroz y el agua en una cacerola, lleve a ebullición, tape y cocine a fuego lento durante unos 20 minutos hasta que el arroz esté cocido. Escurrir bien. Caliente 5 ml / 1 cucharadita de aceite y vierta el huevo. Cocine hasta que se asiente en la base, luego voltee y continúe cocinando hasta que cuaje. Retirar de la sartén y cortar en tiras. Agrega el aceite restante a la sartén con el ajo y la sal y fríe hasta que el ajo se dore. Agrega la cebolla y el arroz y sofríe durante 2 minutos. Agrega las cebolletas y sofríe durante 2 minutos. Agregue la melaza negra hasta que el arroz esté cubierto, luego agregue las tiras de huevo y sirva.

Arroz frito con almendras

Para 4 personas

250 ml / 8 fl oz / 1 taza de aceite de maní (maní)

50 g / 2 oz / ½ taza de almendras en copos

4 huevos batidos

450 g / 1 lb / 3 tazas de arroz de grano largo cocido

5 ml / 1 cucharadita de sal

3 lonchas de jamón cocido, cortado en tiras

2 chalotas, finamente picadas

15 ml / 1 cucharada de salsa de soja

Calentar el aceite y freír las almendras hasta que estén doradas. Retirar de la sartén y escurrir sobre papel de cocina. Vierta la mayor parte del aceite de la sartén, luego vuelva a calentar y vierta los huevos, revolviendo continuamente. Agrega el arroz y la sal y cocina por 5 minutos, levantando y revolviendo rápidamente para que los granos de arroz queden cubiertos con el huevo. Agregue el jamón, las chalotas y la salsa de soja y cocine por 2 minutos más. Incorpora la mayoría de las almendras y sírvelas adornadas con las almendras restantes.

Arroz Frito con Tocino y Huevo

Para 4 personas

45 ml / 3 cucharadas de aceite de maní (maní)

225 g / 8 oz de tocino, picado

1 cebolla finamente picada

3 huevos batidos

225 g / 8 oz de arroz de grano largo cocido

Calentar el aceite y sofreír el tocino y la cebolla hasta que estén ligeramente dorados. Agrega los huevos y sofríe hasta que estén casi cocidos. Agregue el arroz y saltee hasta que el arroz esté bien caliente.

Arroz Frito con Carne

Para 4 personas

225 g / 8 oz de carne magra de res, cortada en tiras

15 ml / 1 cucharada de harina de maíz (maicena)

15 ml / 1 cucharada de salsa de soja

15 ml / 1 cucharada de vino de arroz o jerez seco

5 ml / 1 cucharadita de azúcar

75 ml / 5 cucharadas de aceite de maní (maní)

1 cebolla picada

450 g / 1 lb / 3 tazas de arroz de grano largo cocido

45 ml / 3 cucharadas de caldo de pollo

Mezclar la carne con la maicena, la salsa de soja, el vino o jerez y el azúcar. Calentar la mitad del aceite y freír la cebolla hasta que esté transparente. Agrega la carne y sofríe durante 2 minutos. Retirar de la sartén. Calentar el aceite restante, agregar el arroz y sofreír durante 2 minutos. Agregue el caldo y caliente. Agregue la mitad de la mezcla de carne y cebolla y revuelva hasta que esté caliente, luego transfiera a un plato para servir caliente y cubra con la carne restante y las cebollas.

Arroz Frito con Carne Picada

Para 4 personas

30 ml / 2 cucharadas de aceite de cacahuete

1 diente de ajo machacado

pizca de sal

30 ml / 2 cucharadas de salsa de soja

30 ml / 2 cucharadas de salsa hoisin

450 g / 1 libra de carne picada (molida)

1 cebolla cortada en cubitos

1 zanahoria cortada en cubitos

1 puerro cortado en cubitos

450 g / 1 libra de arroz de grano largo cocido

Calentar el aceite y sofreír los ajos y la sal hasta que estén ligeramente dorados. Agregue las salsas de soja y hoisin y revuelva hasta que esté bien caliente. Agregue la carne y fría hasta que se dore y se desmorone. Agrega las verduras y fríe hasta que estén tiernas, revolviendo con frecuencia. Agregue el arroz y fríalo, revolviendo continuamente, hasta que esté bien caliente y cubierto con las salsas.

Arroz Frito con Carne y Cebolla

Para 4 personas

450 g / 1 libra de carne magra de res, en rodajas finas

45 ml / 3 cucharadas de salsa de soja

15 ml / 1 cucharada de vino de arroz o jerez seco

sal y pimienta recién molida

15 ml / 1 cucharada de harina de maíz (maicena)

45 ml / 3 cucharadas de aceite de maní (maní)

1 cebolla picada

225 g / 8 oz de arroz de grano largo cocido

Marine la carne en salsa de soja, vino o jerez, sal, pimienta y harina de maíz durante 15 minutos. Calentar el aceite y sofreír la cebolla hasta que esté ligeramente dorada. Agrega la carne y la marinada y sofríe durante 3 minutos. Agrega el arroz y sofríe hasta que esté bien caliente.

Pollo arroz frito

Para 4 personas

225 g / 8 oz / 1 taza de arroz de grano largo

750 ml / 1¼ pts / 3 tazas de agua

30 ml / 2 cucharadas de aceite de cacahuete

2 dientes de ajo machacados

pizca de sal

1 cebolla finamente picada

3 cebolletas (cebolletas), picadas

100 g / 4 oz de pollo cocido, desmenuzado

15 ml / 1 cucharada de salsa de soja

Coloque el arroz y el agua en una cacerola, lleve a ebullición, tape y cocine a fuego lento durante unos 20 minutos hasta que el arroz esté cocido. Escurrir bien. Calentar el aceite y sofreír el ajo y la sal hasta que el ajo se torne ligeramente dorado. Agrega la cebolla y sofríe durante 1 minuto. Agrega el arroz y sofríe durante 2 minutos. Agrega las cebolletas y el pollo y sofríe durante 2 minutos. Agrega la salsa de soja hasta cubrir el arroz.

Arroz Frito De Pato

Para 4 personas

4 hongos chinos secos

45 ml / 3 cucharadas de aceite de maní (maní)

2 cebolletas (cebolletas), en rodajas

225 g / 8 oz de col china, rallada

100 g / 4 oz de pato cocido, desmenuzado

45 ml / 3 cucharadas de salsa de soja

15 ml / 1 cucharada de vino de arroz o jerez seco

350 g / 12 oz de arroz de grano largo cocido

45 ml / 3 cucharadas de caldo de pollo

Remojar los champiñones en agua tibia durante 30 minutos y luego escurrir. Desechar los tallos y picar las tapas. Calentar la mitad del aceite y freír las cebolletas hasta que estén transparentes. Agrega la col china y sofríe durante 1 minuto. Agrega el pato, la salsa de soja y el vino o jerez y sofríe durante 3 minutos. Retirar de la sartén. Calentar el aceite restante y sofreír el arroz hasta que esté cubierto de aceite. Añadir el caldo, llevar a ebullición y sofreír durante 2 minutos. Regrese la mezcla de pato a la sartén y revuelva hasta que esté bien caliente antes de servir.

Jamón arroz frito

Para 4 personas

30 ml / 2 cucharadas de aceite de cacahuete

1 huevo batido

1 diente de ajo machacado

350 g / 12 oz de arroz de grano largo cocido

1 cebolla finamente picada

1 pimiento verde picado

100 g / 4 oz de jamón picado

50 g / 2 oz de castañas de agua, en rodajas

50 g / 2 oz de brotes de bambú, picados

15 ml / 1 cucharada de salsa de soja

15 ml / 1 cucharada de vino de arroz o jerez seco

15 ml / 1 cucharada de salsa de ostras

Calentar un poco de aceite en una sartén y agregar el huevo, inclinando la sartén para que se esparza por la sartén. Cocine hasta que la parte inferior esté ligeramente dorada, luego déle la vuelta y cocine por el otro lado. Retirarlo de la sartén y cortarlo y sofreír el ajo hasta que esté ligeramente dorado. Agrega el arroz, la cebolla y el pimiento y sofríe durante 3 minutos. Añadir el jamón, las castañas de agua y los brotes de bambú y sofreír durante 5 minutos. Agregue los ingredientes restantes y saltee durante unos 4 minutos. Servir espolvoreado con las tiras de huevo.

Arroz con Jamón Ahumado con Caldo

Para 4 personas

30 ml / 2 cucharadas de aceite de cacahuete

3 huevos batidos

350 g / 12 oz de arroz de grano largo cocido

600 ml / 1 pt / 2½ tazas de caldo de pollo

100 g / 4 oz de jamón ahumado, desmenuzado

100 g / 4 oz de brotes de bambú, en rodajas

Caliente el aceite y luego vierta los huevos. Cuando empiecen a cuajar, añadir el arroz y sofreír durante 2 minutos. Añadir el caldo y el jamón y llevar a ebullición. Cocine a fuego lento durante 2 minutos, luego agregue los brotes de bambú y sirva.

Arroz frito de puerco

Para 4 personas

45 ml / 3 cucharadas de aceite de maní (maní)

3 cebolletas (cebolletas), picadas

100 g / 4 oz de cerdo asado, cortado en cubitos

350 g / 12 oz de arroz de grano largo cocido

30 ml / 2 cucharadas de salsa de soja

2,5 ml / ½ cucharadita de sal

2 huevos batidos

Calentar el aceite y sofreír las cebolletas hasta que estén transparentes. Agregue el cerdo y revuelva hasta que esté cubierto de aceite. Agrega el arroz, la salsa de soja y la sal y sofríe durante 3 minutos. Agrega los huevos y dóblalos hasta que empiecen a cuajar.

Arroz Frito De Cerdo Y Gambas

Para 4 personas

45 ml / 3 cucharadas de aceite de maní (maní)

2,5 ml / ½ cucharadita de sal

2 cebolletas (cebolletas), picadas

350 g / 12 oz de arroz de grano largo cocido

100 g / 4 oz de cerdo asado

225 g / 8 oz de gambas peladas

50 g / 2 oz de hojas chinas, ralladas

45 ml / 3 cucharadas de salsa de soja

Calentar el aceite y freír la sal y las cebolletas hasta que estén ligeramente doradas. Agrega el arroz y sofríe para romper los granos. Agrega la carne de cerdo y sofríe durante 2 minutos. Agrega las gambas, las hojas chinas y la salsa de soja y sofríe hasta que estén bien calientes.

Arroz frito con gambas

Para 4 personas

225 g / 8 oz / 1 taza de arroz de grano largo

750 ml / 1¼ pts / 3 tazas de agua

30 ml / 2 cucharadas de aceite de cacahuete

2 dientes de ajo machacados

pizca de sal

1 cebolla finamente picada

225 g / 8 oz de gambas peladas

5 ml / 1 cucharadita de salsa de soja

Coloque el arroz y el agua en una cacerola, lleve a ebullición, tape y cocine a fuego lento durante unos 20 minutos hasta que el arroz esté cocido. Escurrir bien. Calentar el aceite con el ajo y la sal y sofreír hasta que el ajo se torne ligeramente dorado. Agrega el arroz y la cebolla y sofríe durante 2 minutos. Agrega las gambas y sofríe durante 2 minutos. Agregue la salsa de soja antes de servir.

Arroz frito y guisantes

Para 4 personas

30 ml / 2 cucharadas de aceite de cacahuete

2 dientes de ajo machacados

5 ml / 1 cucharadita de sal

350 g / 12 oz de arroz de grano largo cocido

225 g / 8 oz de guisantes escaldados o congelados, descongelados

4 cebolletas (cebolletas), finamente picadas

30 ml / 2 cucharadas de perejil fresco finamente picado

Calentar el aceite y sofreír los ajos y la sal hasta que estén ligeramente dorados. Agrega el arroz y sofríe durante 2 minutos. Agregue los guisantes, las cebollas y el perejil y saltee durante unos minutos hasta que estén bien calientes. Sirva caliente o fría.

Arroz frito con salmón

Para 4 personas

30 ml / 2 cucharadas de aceite de cacahuete

2 dientes de ajo picados

2 cebolletas (cebolletas), en rodajas

50 g / 2 oz de salmón picado

75 g / 3 oz de espinacas picadas

150 g / 5 oz de arroz de grano largo cocido

Calentar el aceite y freír los ajos y las cebolletas durante 30 segundos. Agrega el salmón y sofríe por 1 minuto. Agrega las espinacas y sofríe por 1 minuto. Agregue el arroz y saltee hasta que esté bien caliente y bien mezclado.

Arroz Frito Especial

Para 4 personas

60 ml / 4 cucharadas de aceite de cacahuete

1 cebolla finamente picada

100 g / 4 oz de tocino, picado

50 g / 2 oz de jamón picado

50 g / 2 oz de pollo cocido, desmenuzado

50 g / 2 oz de gambas peladas

60 ml / 4 cucharadas de salsa de soja

30 ml / 2 cucharadas de vino de arroz o jerez seco

sal y pimienta recién molida

15 ml / 1 cucharada de harina de maíz (maicena)

225 g / 8 oz de arroz de grano largo cocido

2 huevos batidos

100 g / 4 oz de champiñones, en rodajas

50 g / 2 oz de guisantes congelados

Calentar el aceite y sofreír la cebolla y el tocino hasta que estén ligeramente dorados. Agrega el jamón y el pollo y sofríe durante 2 minutos. Agrega las gambas, la salsa de soja, el vino o jerez, la sal, la pimienta y la maicena y sofríe durante 2 minutos. Agrega el arroz y sofríe durante 2 minutos. Agrega los huevos, los champiñones y los guisantes y sofríe durante 2 minutos hasta que estén calientes.

Diez Arroz Precioso

Sirve de 6 a 8

45 ml / 3 cucharadas de aceite de maní (maní)

1 cebolla tierna (cebolleta), picada

100 g / 4 oz de carne de cerdo magra, desmenuzada

1 pechuga de pollo, desmenuzada

100 g / 4 oz de jamón, desmenuzado

30 ml / 2 cucharadas de salsa de soja

30 ml / 2 cucharadas de vino de arroz o jerez seco

5 ml / 1 cucharadita de sal

350 g / 12 oz de arroz de grano largo cocido

250 ml / 8 fl oz / 1 taza de caldo de pollo

100 g / 4 oz de brotes de bambú, cortados en tiras

50 g / 2 oz de castañas de agua, en rodajas

Calentar el aceite y sofreír la cebolleta hasta que esté transparente. Agrega la carne de cerdo y sofríe durante 2 minutos. Agrega el pollo y el jamón y sofríe durante 2 minutos. Agregue la salsa de soja, el jerez y la sal. Agregue el arroz y el caldo y deje hervir. Agregue los brotes de bambú y las castañas de agua, tape y cocine a fuego lento durante 30 minutos.

Arroz con Atún Frito

Para 4 personas

30 ml / 2 cucharadas de aceite de cacahuete

2 cebollas en rodajas

1 pimiento verde picado

450 g / 1 lb / 3 tazas de arroz de grano largo cocido

sal

3 huevos batidos

300 g / 12 oz de atún enlatado, en copos

30 ml / 2 cucharadas de salsa de soja

2 chalotas, finamente picadas

Calentar el aceite y sofreír las cebollas hasta que estén blandas. Agrega el pimiento y sofríe por 1 minuto. Empuje hacia un lado de la sartén. Agrega el arroz, espolvorea con sal y sofríe durante 2 minutos, mezclando poco a poco el pimiento y la cebolla. Haga un hueco en el centro del arroz, vierta un poco más de aceite y vierta los huevos. Revuelva hasta que esté casi revuelto y mezcle con el arroz. Cocine por 3 minutos más. Agregue el atún y la salsa de soja y caliente bien. Servir espolvoreado con las chalotas picadas.

Tallarines de huevo cocidos

Para 4 personas

10 ml / 2 cucharaditas de sal

450 g / 1 libra de fideos de huevo

30 ml / 2 cucharadas de aceite de cacahuete

Ponga a hervir una cacerola con agua, agregue la sal y agregue los fideos. Regrese a ebullición y hierva durante unos 10 minutos hasta que estén tiernos pero aún firmes. Escurrir bien, enjuagar con agua fría, escurrir y luego enjuagar con agua caliente. Mezcle con el aceite antes de servir.

Tallarines de huevo al vapor

Para 4 personas

10 ml / 2 cucharaditas de sal

450 g / 1 libra de fideos de huevo finos

Ponga a hervir una cacerola con agua, agregue la sal y agregue los fideos. Revuelva bien y luego escurra. Coloque los fideos en un colador, colóquelos en una vaporera y cocine al vapor sobre agua hirviendo durante unos 20 minutos hasta que estén tiernos.

Tallarines Tostados

Para 8 porciones

10 ml / 2 cucharaditas de sal

450 g / 1 libra de fideos de huevo

30 ml / 2 cucharadas de aceite de cacahuete

plato salteado

Ponga a hervir una cacerola con agua, agregue la sal y agregue los fideos. Regrese a ebullición y hierva durante unos 10 minutos hasta que estén tiernos pero aún firmes. Escurrir bien, enjuagar con agua fría, escurrir y luego enjuagar con agua caliente. Mezcle con el aceite, luego mezcle suavemente con cualquier mezcla salteada y caliente suavemente para mezclar los sabores.

Fideos fritos

Para 4 personas

225 g / 8 oz de fideos de huevo finos

sal

aceite para freír

Cocine los fideos en agua hirviendo con sal de acuerdo con las instrucciones del paquete. Escurrir bien. Colocar varias capas de papel de cocina en una bandeja para hornear, extender los fideos y dejar secar durante varias horas. Calentar el aceite y freír las cucharadas de los fideos a la vez durante unos 30 segundos hasta que estén dorados. Escurrir sobre papel de cocina.

Tallarines Suaves Fritos

Para 4 personas

350 g / 12 oz de fideos de huevo

75 ml / 5 cucharadas de aceite de maní (maní)

sal

Ponga a hervir una olla con agua, agregue los fideos y hierva hasta que los fideos estén tiernos. Escurrir y enjuagar con agua fría, luego agua caliente y luego escurrir nuevamente. Agregue 15 ml / 1 cucharada de aceite y luego deje enfriar y enfríe en el refrigerador. Calentar el aceite restante hasta casi humear. Agregue los fideos y revuelva suavemente hasta que estén cubiertos de aceite. Reduzca el fuego y continúe revolviendo durante unos minutos hasta que los fideos estén dorados por fuera pero suaves por dentro.

Tallarines Guisados

Para 4 personas

450 g / 1 libra de fideos de huevo

5 ml / 1 cucharadita de sal

30 ml / 2 cucharadas de aceite de cacahuete

3 cebolletas (cebolletas), cortadas en tiras

1 diente de ajo machacado

2 rodajas de raíz de jengibre, picadas

100 g / 4 oz de carne de cerdo magra, cortada en tiras

100 g / 4 oz de jamón, cortado en tiras

100 g / 4 oz de gambas peladas

450 ml / ¬œ pt / 2 tazas de caldo de pollo

30 ml / 2 cucharadas de salsa de soja

Ponga a hervir una cacerola con agua, agregue la sal y agregue los fideos. Vuelva a hervir y hierva durante unos 5 minutos, luego escurra y enjuague con agua fría.

Mientras tanto, calentar el aceite y sofreír las cebolletas, el ajo y el jengibre hasta que estén ligeramente dorados. Agrega la carne de cerdo y sofríe hasta que tenga un color claro. Agregue el jamón y las gambas y agregue el caldo, la salsa de soja y los fideos. Llevar a ebullición, tapar y cocinar a fuego lento durante 10 minutos.

Fideos fríos

Para 4 personas

450 g / 1 libra de fideos de huevo

5 ml / 1 cucharadita de sal

15 ml / 1 cucharada de aceite de cacahuete

225 g / 8 oz de brotes de soja

225 g / 8 oz de cerdo asado, desmenuzado

1 pepino cortado en tiras

12 rábanos, cortados en tiras

Ponga a hervir una cacerola con agua, agregue la sal y agregue los fideos. Regrese a ebullición y hierva durante unos 10 minutos hasta que estén tiernos pero aún firmes. Escurrir bien, enjuagar con agua fría y luego escurrir nuevamente. Mezcle con el aceite y luego colóquelo en un plato para servir. Coloca los demás ingredientes en platos pequeños rodeando los fideos. Los huéspedes sirven una selección de ingredientes en tazones pequeños.

Cestas de fideos

Para 4 personas

225 g / 8 oz de fideos de huevo finos

sal

aceite para freír

Cocine los fideos en agua hirviendo con sal de acuerdo con las instrucciones del paquete. Escurrir bien. Colocar varias capas de papel de cocina en una bandeja para hornear, extender los fideos y dejar secar durante varias horas. Cepille el interior de un colador mediano con un poco de aceite. Extienda una capa uniforme de fideos de aproximadamente 1 cm / ¬Ω de espesor en el colador. Cepille el exterior de un colador más pequeño con aceite y presione ligeramente en el más grande. Calentar el aceite, introducir los dos coladores en el aceite y freír durante aproximadamente 1 minuto hasta que los fideos estén dorados. Retire con cuidado los coladores, pasando un cuchillo por los bordes de los fideos si es necesario para aflojarlos.

Panqueque de fideos

Para 4 personas

225 g / 8 oz de fideos de huevo

5 ml / 1 cucharadita de sal

75 ml / 5 cucharadas de aceite de maní (maní)

Ponga a hervir una cacerola con agua, agregue la sal y agregue los fideos. Regrese a ebullición y hierva durante unos 10 minutos hasta que estén tiernos pero aún firmes. Escurrir bien, enjuagar con agua fría, escurrir y luego enjuagar con agua caliente. Mezcle con 15 ml / 1 cucharada de aceite. Calentar el aceite restante. Agrega los fideos a la sartén para hacer un panqueque espeso. Freír hasta que esté ligeramente dorado en la parte inferior, luego voltear y freír hasta que esté ligeramente dorado pero suave en el centro.

Tallarines Estofados

Para 4 personas

4 hongos chinos secos

450 g / 1 libra de fideos de huevo

30 ml / 2 cucharadas de aceite de cacahuete

5 ml / 1 cucharadita de sal

3 cebolletas (cebolletas), picadas

100 g / 4 oz de carne de cerdo magra, cortada en tiras

100 g / 4 oz de cogollos de coliflor

15 ml / 1 cucharada de harina de maíz (maicena)

250 ml / 8 fl oz / 1 taza de caldo de pollo

15 ml / 1 cucharada de aceite de sésamo

Remojar los champiñones en agua tibia durante 30 minutos y luego escurrir. Deseche los tallos y corte las tapas. Llevar a ebullición una cacerola con agua, agregar los fideos y hervir durante 5 minutos y escurrir. Calentar el aceite y freír la sal y las cebolletas durante 30 segundos. Agrega la carne de cerdo y sofríe hasta que tenga un color claro. Agrega la coliflor y los champiñones y sofríe durante 3 minutos. Mezcle la harina de maíz y el caldo, revuélvalo en la sartén, déjelo hervir, tape y cocine a fuego lento durante 10 minutos, revolviendo ocasionalmente. Caliente el aceite de sésamo en una sartén aparte, agregue los fideos y revuelva suavemente a fuego medio hasta que estén ligeramente dorados. Transfiera a un plato para servir caliente, vierta sobre la mezcla de cerdo y sirva.

Fideos con carne

Para 4 personas

350 g / 12 oz de fideos de huevo

45 ml / 3 cucharadas de aceite de maní (maní)

450 g / 1 libra de carne picada (molida)

sal y pimienta recién molida

1 diente de ajo machacado

1 cebolla finamente picada

250 ml / 8 fl oz / 1 taza de caldo de res

100 g / 4 oz de champiñones, en rodajas

2 tallos de apio picados

1 pimiento verde picado

30 ml / 2 cucharadas de harina de maíz (maicena)

60 ml / 4 cucharadas de agua

15 ml / 1 cucharada de salsa de soja

Cocine los fideos en agua hirviendo durante unos 8 minutos hasta que estén tiernos y luego escurra. Mientras tanto, calentar el aceite y sofreír la carne, la sal, la pimienta, el ajo y la cebolla hasta que estén ligeramente dorados. Agregue el caldo, los champiñones, el apio y la pimienta, lleve a ebullición, tape y cocine a fuego lento durante 5 minutos. Mezcle la harina de maíz, el agua y la salsa de soja hasta obtener una pasta, revuelva en la sartén y cocine a fuego lento, revolviendo, hasta que la salsa espese. Coloque los fideos en un plato para servir caliente y vierta sobre la carne y la salsa.

Fideos con Pollo

Para 4 personas

350 g / 12 oz de fideos de huevo

100 g / 4 oz de brotes de soja

45 ml / 3 cucharadas de aceite de maní (maní)

2,5 ml / ¬Ω cucharadita de sal

2 dientes de ajo picados

2 cebolletas (cebolletas), picadas

100 g / 4 oz de pollo cocido, cortado en cubitos

5 ml / 1 cucharadita de aceite de sésamo

Ponga a hervir una cacerola con agua, agregue los fideos y hierva hasta que estén tiernos. Escaldar los brotes de soja en agua hirviendo durante 3 minutos y luego escurrir. Calentar el aceite y sofreír la sal, el ajo y las cebolletas hasta que se ablanden. Agregue el pollo y saltee hasta que esté bien caliente. Agregue los brotes de soja y caliente. Escurre bien los fideos, enjuaga con agua fría y luego con agua caliente. Mezcle el aceite de sésamo y colóquelo en un plato para servir caliente. Cubra con la mezcla de pollo y sirva.

Fideos con Carne de Cangrejo

Para 4 personas

350 g / 12 oz de fideos de huevo

45 ml / 3 cucharadas de aceite de maní (maní)

3 cebolletas (cebolletas), picadas

2 rodajas de raíz de jengibre, cortadas en tiras

350 g / 12 oz de carne de cangrejo, en copos

5 ml / 1 cucharadita de sal

15 ml / 1 cucharada de vino de arroz o jerez seco

15 ml / 1 cucharada de harina de maíz (maicena)

30 ml / 2 cucharadas de agua

30 ml / 2 cucharadas de vinagre de vino

Llevar a ebullición una olla con agua, agregar los fideos y dejar hervir durante 10 minutos hasta que estén tiernos. Mientras tanto, calentar 30 ml / 2 cucharadas de aceite y sofreír las cebolletas y el jengibre hasta que estén ligeramente dorados. Agrega la carne de cangrejo y la sal, sofríe durante 2 minutos. Añadir el vino o el jerez sofreír durante 1 minuto. Mezcle la harina de maíz y el agua hasta obtener una pasta, revuélvala en la sartén y cocine a fuego lento, revolviendo, hasta que espese. Escurre los fideos y enjuaga con agua fría y luego con agua caliente. Agregue el aceite restante y colóquelo en un plato para servir tibio. Cubra con la mezcla de carne de cangrejo y sirva espolvoreado con vinagre de vino.

Fideos en Salsa de Curry

Para 4 personas

450 g / 1 libra de fideos de huevo

5 ml / 1 cucharadita de sal

30 ml / 2 cucharadas de curry en polvo

1 cebolla en rodajas

75 ml / 5 cucharadas de caldo de pollo

100 g / 4 oz de cerdo asado, desmenuzado

120 ml / 4 fl oz / ¬Ω taza de salsa de tomate (salsa de tomate)

15 ml / 1 cucharada de salsa hoisin

sal y pimienta recién molida

Ponga a hervir una cacerola con agua, agregue la sal y agregue los fideos. Regrese a ebullición y hierva durante unos 10 minutos hasta que estén tiernos pero aún firmes. Escurrir bien, enjuagar con agua fría, escurrir y luego enjuagar con agua caliente. Mientras tanto, cocine el curry en polvo en una sartén seca durante 2 minutos, agitando la sartén. Agregue la cebolla y revuelva hasta que esté bien cubierta. Agregue el caldo y luego agregue la carne de cerdo y deje hervir. Agregue la salsa de tomate, la salsa hoisin, la sal y la pimienta y cocine a fuego lento, revolviendo, hasta que esté bien caliente. Coloque los fideos en una fuente para servir caliente, vierta sobre la salsa y sirva.

Fideos Dan-Dan

Para 4 personas

100 g / 4 oz de fideos de huevo

45 ml / 3 cucharadas de mostaza

60 ml / 4 cucharadas de salsa de sésamo

60 ml / 4 cucharadas de aceite de cacahuete

20 ml / 4 cucharaditas de sal

4 cebolletas (cebolletas), picadas

60 ml / 4 cucharadas de salsa de soja

60 ml / 4 cucharadas de cacahuetes molidos

60 ml / 4 cucharadas de caldo de pollo

Cocine los fideos en agua hirviendo durante unos 10 minutos hasta que estén tiernos y luego escurra bien. Mezcle los ingredientes restantes, vierta sobre los fideos y mezcle bien antes de servir.

Fideos con Salsa de Huevo

Para 4 personas

225 g / 8 oz de fideos de huevo

750 ml / 1¬º pts / 3 tazas de caldo de pollo

45 ml / 3 cucharadas de salsa de soja

45 ml / 3 cucharadas de vino de arroz o jerez seco

15 ml / 1 cucharada de aceite de cacahuete

3 cebolletas (cebolletas), cortadas en tiras

3 huevos batidos

Lleve una cacerola con agua a ebullición, agregue los fideos, vuelva a hervir y cocine a fuego lento durante 10 minutos hasta que estén tiernos. Escurrir y colocar en un tazón para servir caliente. Mientras tanto, llevar a ebullición el caldo con la salsa de soja y el vino o jerez. En una sartén aparte, calentar el aceite y sofreír las cebolletas hasta que se ablanden. Agregue los huevos, luego agregue el caldo caliente y continúe revolviendo a fuego medio hasta que la mezcla hierva. Vierta la salsa sobre los fideos y sirva.

Fideos de jengibre y cebolleta

Para 4 personas

900 ml / 1¬Ω pts / 4¬° tazas de caldo de pollo

15 ml / 1 cucharada de aceite de cacahuete

225 g / 8 oz de fideos de huevo

2,5 ml / ¬Ω cucharadita de aceite de sésamo

4 cebolletas (cebolletas), ralladas

2 rodajas de raíz de jengibre, ralladas

15 ml / 1 cucharada de salsa de ostras

Lleve el caldo a ebullición, agregue el aceite y los fideos y cocine a fuego lento, sin tapar, durante unos 15 minutos hasta que estén tiernos. Transfiera los fideos a un plato para servir caliente y agregue el aceite de sésamo, las cebolletas y el jengibre al wok. Cocine a fuego lento, sin tapar, durante 5 minutos hasta que las verduras se ablanden un poco y el caldo se reduzca. Vierta las verduras sobre los fideos con un poco de caldo. Espolvorear con salsa de ostras y servir de inmediato.

Fideos picantes y amargos

Para 4 personas

225 g / 8 oz de fideos de huevo

15 ml / 1 cucharada de salsa de soja

15 ml / 1 cucharada de aceite de chile

15 ml / 1 cucharada de vinagre de vino tinto

1 diente de ajo machacado

2 cebolletas (cebolletas), picadas

5 ml / 1 cucharadita de pimienta recién molida

Cocine los fideos en agua hirviendo durante unos 10 minutos hasta que estén tiernos. Escurrir bien y transferir a un plato para servir tibio. Mezcle los ingredientes restantes, vierta sobre los fideos y mezcle bien antes de servir.

Fideos en Salsa de Carne

Para 4 personas

4 hongos chinos secos

30 ml / 2 cucharadas de aceite de cacahuete

225 g / 8 oz de carne de cerdo magra, rebanada

100 g / 4 oz de champiñones, en rodajas

4 cebolletas (cebolletas), en rodajas

15 ml / 1 cucharada de salsa de soja

15 ml / 1 cucharada de vino de arroz o jerez seco

600 ml / 1 pt / 2 Ω tazas de caldo de pollo

350 g / 12 oz de fideos de huevo

30 ml / 2 cucharadas de harina de maíz (maicena)

2 huevos, ligeramente batidos

sal y pimienta recién molida

Remojar los champiñones en agua tibia durante 30 minutos y luego escurrir. Deseche los tallos y corte las tapas. Calentar el aceite y sofreír el cerdo hasta que tenga un color ligero. Agregue los champiñones secos y frescos y las cebolletas y saltee durante 2 minutos. Agrega la salsa de soja, el vino o el jerez y el caldo, lleva a ebullición, tapa y cocina a fuego lento durante 30 minutos.

Mientras tanto, lleve una cacerola con agua a ebullición, agregue los fideos y hierva durante unos 10 minutos hasta que los fideos estén tiernos pero aún firmes. Escurrir, enjuagar con agua fría y luego caliente, luego escurrir nuevamente y colocar en una fuente para servir tibia. Licúa la harina de maíz con un poco de agua, revuélvela en la sartén y cocina a fuego lento, revolviendo, hasta que la salsa se aclare y espese. Agregue gradualmente los huevos y sazone con sal y pimienta. Vierta la salsa sobre los fideos para servir.

Fideos con Huevos Escalfados

Para 4 personas

350 g / 12 oz de fideos de arroz

4 huevos

30 ml / 2 cucharadas de aceite de cacahuete

1 diente de ajo picado

100 g / 4 oz de jamón cocido, finamente picado

45 ml / 3 cucharadas de puré de tomate (pasta)

120 ml / 4 fl oz / ¬Ω taza de agua

5 ml / 1 cucharadita de azúcar

5 ml / 1 cucharadita de sal

salsa de soja

Ponga a hervir una olla con agua, agregue los fideos y cocine a fuego lento durante unos 8 minutos hasta que estén cocidos. Escurrir y enjuagar con agua fría. Disponga en forma de nido en un plato para servir calentado. Mientras tanto, escalfamos los huevos y colocamos uno en cada nido. Calentar el aceite y sofreír los ajos durante 30 segundos. Agrega el jamón y sofríe durante 1 minuto. Agregue todos los ingredientes restantes excepto la salsa de soja y saltee hasta que esté bien caliente. Vierta sobre los huevos, espolvoree con salsa de soja y sirva de una vez.

Fideos con Cerdo y Verduras

Para 4 personas

350 g / 12 oz de fideos de arroz

75 ml / 5 cucharadas de aceite de maní (maní)

225 g / 8 oz de carne de cerdo magra, desmenuzada

100 g / 4 oz de brotes de bambú, triturados

100 g / 4 oz de col china, rallada

450 ml / ¬œ pt / 2 tazas de caldo de pollo

10 ml / 2 cucharaditas de harina de maíz (maicena)

45 ml / 3 cucharadas de agua

Hierva los fideos durante unos 6 minutos hasta que estén cocidos pero aún firmes y luego escurra. Calentar 45 ml / 3 cucharadas de aceite y sofreír el cerdo durante 2 minutos. Agrega los brotes de bambú y el repollo y sofríe durante 1 minuto. Agrega el caldo, lleva a ebullición, tapa y cocina a fuego lento durante 4 minutos. Mezcle la harina de maíz y el agua, revuelva en la sartén y cocine a fuego lento, revolviendo, hasta que la salsa espese. Calentar el aceite restante y freír los fideos hasta que estén ligeramente dorados. Transfiera a un plato para servir caliente, cubra con la mezcla de carne de cerdo y sirva.

Tallarines Transparentes con Carne de Cerdo Picada

Para 4 personas

200 g / 7 oz de fideos transparentes

aceite para freír

75 ml / 5 cucharadas de aceite de maní (maní)

225 g / 8 oz de carne de cerdo picada (molida)

25 g / 1 oz de pasta de guindilla

2 cebolletas (cebolletas), picadas

1 diente de ajo picado

1 rodaja de raíz de jengibre, picada

5 ml / 1 cucharadita de chile en polvo

250 ml / 8 fl oz / 1 taza de caldo de pollo

30 ml / 2 cucharadas de vino de arroz o jerez seco

30 ml / 2 cucharadas de salsa de soja

sal

Calentar el aceite hasta que hierva y sofreír los fideos hasta que se expandan. Retirar y escurrir. Calentar los 75 ml / 5 cucharadas de aceite y sofreír el cerdo hasta que se dore. Agregue la pasta de frijoles, las cebolletas, el ajo, el jengibre y la guindilla en polvo y fría durante 2 minutos. Mezcle el caldo, el vino o el jerez, la salsa de soja y los fideos y cocine a fuego lento hasta que la salsa espese. Sazone al gusto con sal antes de servir.

Piel de rollo de huevo

Hace 12

225 g / 8 oz / 2 tazas de harina común (para todo uso)

1 huevo batido

2,5 ml / ¬Ω cucharadita de sal

120 ml / 4 fl oz / ¬Ω taza de agua helada

Mezcle todos los ingredientes y luego amase hasta que quede suave y elástico. Cubrir con un paño húmedo y dejar enfriar durante 30 minutos. Extienda sobre una superficie enharinada hasta que quede fina como un papel y luego córtela en cuadrados.

Piel de rollo de huevo cocido

Hace 12

175 g / 6 oz / 1 Ω tazas de harina común (para todo uso)

2,5 ml / ¬Ω cucharadita de sal

2 huevos batidos

375 ml / 13 fl oz / 1 Ω tazas de agua

Mezcle la harina y la sal y luego mezcle los huevos. Agregue gradualmente el agua para hacer una masa suave. Engrase ligeramente una sartén pequeña y luego vierta 30 ml / 2 cucharadas de masa e incline la sartén para esparcirla uniformemente sobre la superficie. Cuando la masa se encoja de los lados de la sartén, retírala y cúbrela con un paño húmedo mientras cocinas las pieles restantes.

Panqueques chinos

Para 4 personas

250 ml / 8 fl oz / 1 taza de agua

225 g / 8 oz / 2 tazas de harina común (para todo uso)

aceite de cacahuete para freír

Hierva el agua y luego agregue gradualmente la harina. Amasar ligeramente hasta que la masa esté blanda, cubrir con un paño húmedo y dejar reposar 15 minutos. Extienda sobre una superficie enharinada y forme un cilindro largo. Cortar en rodajas de 2,5 cm / 1 en, luego aplanar hasta unos 5 mm / ¬° de espesor y untar la parte superior con aceite. Apile en pares con las superficies aceitadas tocando y espolvoree ligeramente el exterior con harina. Estire los pares a unos 10 cm / 4 pulgadas de ancho y cocine en pares durante aproximadamente 1 minuto por cada lado hasta que estén ligeramente dorados. Separe y apile hasta que esté listo para servir.

Pieles de Wonton

Hace alrededor de 40

450 g / 1 lb / 2 tazas de harina común (para todo uso)

5 ml / 1 cucharadita de sal

1 huevo batido

45 ml / 3 cucharadas de agua

Tamizar la harina y la sal y luego hacer un hueco en el centro. Mezcle el huevo, espolvoree con agua y amase la mezcla hasta obtener una masa suave. Colocar en un bol, cubrir con un paño húmedo y dejar enfriar durante 1 hora.

Extienda la masa sobre una superficie enharinada hasta que quede fina y uniforme como una oblea. Cortar en tiras de 7,5 cm, espolvorear ligeramente con harina y apilar y luego cortar en cuadritos. Cubra con un paño húmedo hasta que esté listo para usar.

Espárragos con Almejas

Para 4 personas

120 ml / 4 fl oz / ½ taza de aceite de maní (maní)

1 guindilla roja, cortada en tiras

2 cebolletas (cebolletas), cortadas en tiras

2 rodajas de raíz de jengibre, ralladas

225 g / 8 oz de espárragos, cortados en trozos

30 ml / 2 cucharadas de salsa de soja espesa

2,5 ml / ½ cucharadita de aceite de sésamo

225 g / 8 oz de almejas, remojadas y fregadas

Calentar el aceite y sofreír la guindilla, las cebolletas y el jengibre durante 30 segundos. Agregue los espárragos y la salsa de soja, tape y cocine a fuego lento hasta que los espárragos estén casi tiernos. Agrega el aceite de sésamo y las almejas, tapa y cocina hasta que las almejas se abran. Deseche las almejas que no se hayan abierto y sírvalas de inmediato.

Espárragos con Champiñones y Cebolletas

Para 4 personas

10 hongos chinos secos

225 g / 8 oz de espárragos

1 manojo de cebolletas (cebolletas), recortadas

600 ml / 1 pt / 2½ tazas de caldo de pollo

5 ml / 1 cucharadita de harina de maíz (maicena)

15 ml / 1 cucharada de agua

5 ml / 1 cucharadita de sal

Remojar los champiñones en agua tibia durante 30 minutos y luego escurrir. Desecha los tallos. Coloque los champiñones en el centro de un colador y luego coloque las cebolletas y los espárragos en un círculo que irradie desde el centro. Lleve el caldo a ebullición, luego baje el colador en el caldo, cubra y cocine a fuego lento durante unos 10 minutos hasta que las verduras estén tiernas. Retire las verduras e inviértalas en un plato para servir calentado para mantener el patrón. Lleva el caldo a ebullición. Mezcle el agua, la harina de maíz y la sal hasta formar una pasta, mezcle con el caldo y cocine a fuego lento, revolviendo, hasta que la salsa espese un poco. Vierta sobre las verduras y sirva de una vez.

Salteado de espárragos

Para 4 personas

45 ml / 3 cucharadas de aceite de maní (maní)

1 cebolla tierna (cebolleta), picada

450 g / 1 libra de espárragos

30 ml / 2 cucharadas de salsa de soja

5 ml / 1 cucharadita de azúcar

120 ml / 4 fl oz / ½ taza de caldo de pollo

5 ml / 1 cucharadita de harina de maíz (maicena)

Calentar el aceite y sofreír la cebolleta hasta que esté ligeramente dorada. Agrega los espárragos y sofríe durante 3 minutos. Agrega el resto de los ingredientes y sofríe durante 4 minutos.

Espárragos agridulces

Para 4 personas

30 ml / 2 cucharadas de aceite de cacahuete

450 g / 1 lb de espárragos, cortados en trozos diagonales

60 ml / 4 cucharadas de vinagre de vino

50 g / 2 oz / ¼ taza de azúcar morena

15 ml / 1 cucharada de salsa de soja

15 ml / 1 cucharada de vino de arroz o jerez seco

5 ml / 1 cucharadita de sal

15 ml / 1 cucharada de harina de maíz (maicena)

Calentar el aceite y sofreír los espárragos durante 4 minutos. Agrega el vinagre de vino, el azúcar, la salsa de soja, el vino o jerez y la sal y sofríe durante 2 minutos. Mezclar la maicena con un poco de agua, removerla en la sartén y sofreír durante 1 minuto.

Berenjena con Albahaca

Para 4 personas

60 ml / 4 cucharadas de aceite de cacahuete

2 berenjenas (berenjenas)

60 ml / 4 cucharadas de agua

2 dientes de ajo machacados

1 pimiento rojo, cortado en diagonal

45 ml / 3 cucharadas de salsa de soja

1 manojo grande de albahaca

Calentar el aceite y sofreír la berenjena hasta que esté ligeramente dorada. Agrega el agua, el ajo, la guindilla y la salsa de soja y sofríe hasta que la berenjena cambie de color. Agrega la albahaca y sofríe hasta que las hojas se ablanden. Sirva de una vez.

Berenjena Braseada

Para 4 personas

1 berenjena (berenjena)

aceite para freír

15 ml / 1 cucharada de aceite de cacahuete

3 cebolletas (cebolletas), picadas

1 rodaja de raíz de jengibre, picada

90 ml / 6 cucharadas de caldo de pollo

15 ml / 1 cucharada de vino de arroz o jerez seco

15 ml / 1 cucharada de salsa de soja

15 ml / 1 cucharada de salsa de frijoles negros

15 ml / 1 cucharada de azúcar morena

Pelar la berenjena y cortarla en cubos grandes. Calentar el aceite y sofreír la berenjena hasta que esté blanda y ligeramente dorada. Retirar y escurrir bien.

Calentar el aceite y sofreír las cebolletas y el jengibre hasta que estén ligeramente dorados. Agrega la berenjena y revuelve bien. Agrega el caldo, el vino o jerez, la salsa de soja, la salsa de frijoles negros y el azúcar. Sofreír durante 2 minutos.

Berenjena Estofada con Tomate

Para 4 personas

6 rebanadas de tocino

2 dientes de ajo machacados

2 cebolletas (cebolletas), picadas

1 berenjena (berenjena), pelada y cortada en cubitos

4 tomates, sin piel y en cuartos

sal y pimienta recién molida

Cortar la cáscara del tocino y cortar en trozos. Freír hasta que esté ligeramente dorado. Agrega el ajo y las cebolletas y sofríe durante 2 minutos. Agrega la berenjena y sofríe durante unos 5 minutos hasta que estén ligeramente blandas. Mezcle con cuidado los tomates y sazone con sal y pimienta. Revuelva suavemente a fuego lento hasta que esté bien caliente.

Berenjena al vapor

Para 4 personas

1 berenjena (berenjena)

30 ml / 2 cucharadas de salsa de soja

5 ml / 1 cucharadita de aceite de cacahuete

Pique la piel de la berenjena varias veces y colóquela en una fuente refractaria. Coloque sobre una rejilla en una vaporera y cocine al vapor sobre agua hirviendo a fuego lento durante unos 25 minutos hasta que esté suave. Deje enfriar un poco, luego pele la piel y desgarre la pulpa. Espolvoree con salsa de soja y aceite y revuelva bien. Sirva caliente o fría.

Berenjena Rellena

Para 4 personas

4 hongos chinos secos

225 g / 8 oz de carne de cerdo picada (molida)

2 cebolletas (cebolletas), picadas

1 rodaja de raíz de jengibre, picada

30 ml / 2 cucharadas de salsa de soja

15 ml / 1 cucharada de vino de arroz o jerez seco

5 ml / 1 cucharadita de azúcar

1 berenjena (berenjena), cortada a la mitad a lo largo

Remojar los champiñones en agua tibia durante 30 minutos y luego escurrir. Desechar los tallos y picar las tapas. Mezclar con la carne de cerdo, las cebolletas, el jengibre, la salsa de soja, el vino o jerez y el azúcar. Saque las semillas de la berenjena para hacer una forma hueca. Rellenar con la mezcla de cerdo y disponer en una fuente refractaria. Coloque sobre una rejilla en una vaporera y cocine al vapor sobre agua hirviendo a fuego lento durante 30 minutos hasta que estén tiernos.

Berenjena Salteada

Para 4 a 6 porciones

4 hongos chinos secos

1 berenjena (berenjena), pelada y cortada en cubitos

30 ml / 2 cucharadas de harina de maíz (maicena)

aceite para freír

45 ml / 3 cucharadas de aceite de maní (maní)

50 g / 2 oz de pollo cocido, cortado en cubitos

50 g / 2 oz de jamón ahumado, cortado en cubitos

50 g / 2 oz de brotes de bambú, picados

50 g / 2 oz / ½ taza de nueces mixtas picadas

5 ml / 1 cucharadita de sal

5 ml / 1 cucharadita de azúcar

30 ml / 2 cucharadas de salsa de soja

30 ml / 2 cucharadas de vino de arroz o jerez seco

Remojar los champiñones en agua tibia durante 30 minutos y luego escurrir. Deseche los tallos y corte las tapas. Mezcle la berenjena ligeramente con la maicena. Calentar el aceite y sofreír la berenjena hasta que esté dorada. Retirar de la sartén y escurrir bien. Calentar el aceite y sofreír el pollo, el jamón, los brotes de bambú y las nueces. Agrega el resto de los ingredientes y sofríe durante 3 minutos. Regrese la berenjena a la sartén y saltee hasta que esté bien caliente.

Brotes de bambú con pollo

Para 4 personas

50 g / 2 oz de carne de pollo, picada (molida)

50 g / 2 oz de jamón ahumado, picado (molido)

50 g / 2 oz de castañas de agua, picadas (molidas)

2 claras de huevo

15 ml / 1 cucharada de harina de maíz (maicena)

225 g / 8 oz de brotes de bambú, cortados en tiras gruesas

15 ml / 1 cucharada de perejil de hoja plana picado

Mezclar el pollo, el jamón y las castañas de agua. Mezcle las claras de huevo y la harina de maíz y luego revuélvalas con los ingredientes picados. Revuelva los brotes de bambú en la mezcla hasta que estén bien cubiertos y luego colóquelos en una fuente refractaria. Coloque sobre una rejilla en una vaporera, cubra y cocine al vapor sobre agua hirviendo a fuego lento durante 15 minutos. Sirve adornado con perejil.

Brotes de bambú fritos

Para 4 personas

aceite para freír

225 g / 8 oz de brotes de bambú, cortados en tiras

15 ml / 1 cucharada de aceite de cacahuete

15 ml / 1 cucharada de azúcar morena

15 ml / 1 cucharada de salsa de soja

10 ml / 2 cucharaditas de harina de maíz (maicena)

90 ml / 6 cucharadas de agua

Calentar el aceite y sofreír los brotes de bambú hasta que estén dorados. Escurrir bien. Calentar el aceite de maní (maní) y sofreír los brotes de bambú hasta que estén cubiertos de aceite. Mezcle el azúcar, la salsa de soja, la harina de maíz y el agua, revuelva en la sartén y saltee hasta que esté bien caliente.

Brotes de bambú fritos

Para 4 personas

90 ml / 6 cucharadas de aceite de cacahuete (maní)

1 cebolleta, cortada en tiras

1 diente de ajo machacado

1 guindilla roja, cortada en tiras

225 g / 8 oz de brotes de bambú

15 ml / 1 cucharada de salsa de soja espesa

2,5 ml / ½ cucharadita de aceite de sésamo

Calentar el aceite y sofreír la cebolleta, el ajo y la guindilla durante 30 segundos. Agregue los brotes de bambú y saltee hasta que estén tiernos y bien cubiertos con las especias. Agrega la salsa de soja y el aceite de sésamo y sofríe durante 3 minutos más. Sirva de una vez.

Brotes de bambú con setas

Para 4 personas

8 hongos chinos secos

45 ml / 3 cucharadas de aceite de maní (maní)

350 g / 12 oz de brotes de bambú, cortados en tiras

30 ml / 2 cucharadas de salsa de soja

5 ml / 1 cucharadita de azúcar morena

15 ml / 1 cucharada de harina de maíz (maicena)

45 ml / 3 cucharadas de agua

Remojar los champiñones en agua tibia durante 30 minutos y luego escurrir. Deseche los tallos y corte las tapas. Calentar el aceite y sofreír los champiñones durante 2 minutos. Agrega los brotes de bambú y sofríe durante 3 minutos. Agregue la salsa de soja y el azúcar y revuelva bien hasta que esté bien caliente. Transfiera las verduras a un plato para servir caliente con una espumadera. Mezcle la harina de maíz y el agua hasta obtener una pasta y revuélvala en la sartén. Cocine a fuego lento, revolviendo, hasta que la salsa se aclare y espese, luego viértala sobre las verduras y sirva de inmediato.

Brotes de bambú con hongos secos

Para 4 personas

6 hongos chinos secos

250 ml / 8 fl oz / 1 taza de caldo de pollo

15 ml / 1 cucharada de vino de arroz o jerez seco

15 ml / 1 cucharada de salsa de soja

15 ml / 1 cucharada de aceite de cacahuete

225 g / 8 oz de brotes de bambú, en rodajas

15 ml / 1 cucharada de harina de maíz (maicena)

Remojar los champiñones en agua tibia durante 30 minutos y luego escurrir. Deseche los tallos y corte las tapas. Colocar las tapas de champiñones en una sartén con la mitad del caldo, el vino o jerez y la salsa de soja. Llevar a ebullición, tapar y cocinar a fuego lento durante unos 10 minutos hasta que espese. Agrega el aceite y revuelve a fuego medio durante 2 minutos. Agrega los brotes de bambú y sofríe durante 3 minutos. Mezcle la harina de maíz con el caldo restante y revuélvalo en la sartén. Lleve a ebullición, revolviendo, luego cocine a fuego lento durante unos 4 minutos hasta que la salsa espese y se aclare.

Brotes de bambú en salsa de ostras

Para 4 personas

15 ml / 1 cucharada de aceite de cacahuete

350 g / 12 oz de brotes de bambú, cortados en tiras

250 ml / 8 fl oz / 1 taza de caldo de pollo

15 ml / 1 cucharada de salsa de ostras

5 ml / 1 cucharadita de salsa de soja

2,5 ml / ½ cucharadita de azúcar morena

2,5 ml / ½ cucharadita de aceite de sésamo

Calentar el aceite y sofreír los brotes de bambú durante 1 minuto. Agrega el caldo, la salsa de ostras, la salsa de soja y el azúcar y lleva a ebullición. Cocine a fuego lento durante unos 10 minutos hasta que los brotes de bambú estén tiernos y el líquido se haya reducido. Sirve espolvoreado con aceite de sésamo.

Brotes de bambú con aceite de sésamo

Para 4 personas

100 g / 4 oz de brotes de soja

45 ml / 3 cucharadas de aceite de maní (maní)

225 g / 8 oz de brotes de bambú

5 ml / 1 cucharadita de sal

5 ml / 1 cucharadita de aceite de sésamo

Cocine los brotes de soja en agua hirviendo durante unos 10 minutos hasta que estén tiernos pero aún crujientes. Escurrir bien. Mientras tanto, caliente el aceite y saltee los brotes de bambú durante unos 5 minutos hasta que estén tiernos pero aún crujientes. Espolvoree con sal, mezcle bien y luego acomódelo con los brotes de soja en un plato para servir caliente. Espolvorear con aceite de sésamo y servir.

Brotes de bambú con espinacas

Para 4 personas

45 ml / 3 cucharadas de aceite de maní (maní)

450 g / 1 lb de brotes de bambú

5 ml / 1 cucharadita de vino de arroz o jerez seco

pizca de sal

120 ml / 4 fl oz / ½ taza de caldo de pollo

100 g / 4 oz de espinacas

2,5 ml / ½ cucharadita de aceite de sésamo

Calentar el aceite y freír los brotes de bambú durante aproximadamente 1 minuto. Agregue el vino o jerez, la sal y el caldo, lleve a ebullición y cocine a fuego lento durante 3 minutos. Agregue las espinacas y cocine a fuego lento hasta que las espinacas se ablanden y el líquido se reduzca un poco. Transfiera a un tazón para servir caliente y sirva espolvoreado con aceite de sésamo.

Frijoles Salteados

Para 4 personas

450 g / 1 libra de habas sin cáscara

60 ml / 4 cucharadas de aceite de cacahuete

5 ml / 1 cucharadita de sal

10 ml / 2 cucharaditas de azúcar morena

75 ml / 5 cucharadas de caldo de pollo

sal

2 cebolletas (cebolletas), picadas

Coloque los frijoles en una sartén, solo cubra con agua, hierva y cocine a fuego lento hasta que estén tiernos. Escurrir bien.

Caliente el aceite, luego agregue los frijoles y revuelva hasta que estén bien cubiertos de aceite. Agrega el azúcar y el caldo y sazona al gusto con sal. Sofreír durante 3 minutos. Agregue las cebolletas y sirva.

Judías Verdes con Chile

Para 4 personas

45 ml / 3 cucharadas de aceite de maní (maní)

2 chiles rojos secos

2 cebollas picadas

450 g / 1 libra de judías verdes

Calentar el aceite con los chiles y sofreír hasta que cambien de color y luego retirarlos de la sartén. Agrega las cebollas y sofríe hasta que estén ligeramente doradas. Mientras tanto, escaldar los frijoles en agua hirviendo durante 2 minutos y luego escurrir bien. Agregue a las cebollas y saltee durante 10 minutos hasta que estén tiernas pero aún crujientes y bien cubiertas con el aceite especiado.

Judías Verdes Especiadas

Para 4 personas

450 g / 1 libra de judías verdes

15 ml / 1 cucharada de sal

5 ml / 1 cucharadita de anís molido

5 ml / 1 cucharadita de pimiento rojo recién molido

Coloque todos los ingredientes en una sartén grande y cubra con agua. Lleve a ebullición y cocine a fuego lento durante unos 8 minutos hasta que los frijoles estén tiernos. Escurrir bien antes de servir.

Judías verdes salteadas

Para 4 personas

45 ml / 3 cucharadas de aceite de maní (maní)

5 ml / 1 cucharadita de sal

450 g / 1 lb de judías verdes, cortadas en trozos

120 ml / 4 fl oz / ½ taza de caldo de pollo

15 ml / 1 cucharada de salsa de soja

Calentar el aceite y la sal, luego agregar los frijoles y sofreír durante 2 minutos. Agregue el caldo y la salsa de soja, lleve a ebullición, cubra y cocine a fuego lento durante unos 5 minutos hasta que los frijoles estén tiernos pero aún ligeramente crujientes.

Brotes de frijoles salteados

Para 4 personas

15 ml / 1 cucharada de aceite de cacahuete

450 g / 1 lb de brotes de soja

15 ml / 1 cucharada de salsa de soja

sal y pimienta recién molida

Calentar el aceite y sofreír los brotes de soja durante unos 3 minutos. Agregue la salsa de soja, la sal y la pimienta y revuelva bien. Cubra y cocine a fuego lento durante 5 minutos, luego retire la tapa y cocine a fuego lento durante 1 minuto más.

Salteado de brotes de soja

Para 4 personas

15 ml / 1 cucharada de aceite de cacahuete

2,5 ml / ½ cucharadita de sal

1 diente de ajo machacado

450 g / 1 lb de brotes de soja

3 cebolletas (cebolletas), picadas

60 ml / 4 cucharadas de caldo de pollo

5 ml / 1 cucharadita de azúcar

5 ml / 1 cucharadita de salsa de soja

Caliente el aceite, la sal y el ajo hasta que el ajo se torne ligeramente dorado. Agregue los brotes de soja y las cebolletas y saltee durante 2 minutos. Agrega el resto de los ingredientes y sofríe unos minutos hasta que se haya evaporado todo el líquido.

Brotes de soja y apio

Para 4 personas

450 g / 1 lb de brotes de soja

45 ml / 3 cucharadas de aceite de maní (maní)

4 tallos de apio, cortados en tiras

5 ml / 1 cucharadita de sal

15 ml / 1 cucharada de salsa de soja

90 ml / 6 cucharadas de caldo de pollo

Escaldar los brotes de soja en agua hirviendo durante 3 minutos y luego escurrir. Calentar el aceite y sofreír el apio durante 1 minuto. Agrega los brotes de soja y sofríe durante 1 minuto. Agregue los ingredientes restantes, lleve a ebullición, tape y cocine a fuego lento durante 3 minutos antes de servir.

Brotes de soja y pimientos

Para 4 personas

225 g / 8 oz de brotes de soja

45 ml / 3 cucharadas de aceite de maní (maní)

2 chiles secos

1 rodaja de raíz de jengibre, picada

1 pimiento rojo cortado en tiras

1 pimiento verde cortado en tiritas

90 ml / 6 cucharadas de caldo de pollo

Escaldar los brotes de soja en agua hirviendo durante 3 minutos y luego escurrir. Calentar el aceite y freír los chiles enteros durante unos 3 minutos y luego desechar los pimientos. Agrega el jengibre y los pimientos a la sartén y sofríe durante 3 minutos. Agrega los brotes de soja y sofríe durante 2 minutos. Agrega el caldo, lleva a ebullición, tapa y cocina a fuego lento durante 3 minutos antes de servir.

Brotes de soja con cerdo

Para 4 personas

450 g / 1 lb de brotes de soja

100 g / 4 oz de carne de cerdo magra, cortada en tiras

15 ml / 1 cucharada de harina de maíz (maicena)

15 ml / 1 cucharada de vino de arroz

15 ml / 1 cucharada de salsa de soja

5 ml / 1 cucharadita de azúcar

2,5 ml / ½ cucharadita de sal

30 ml / 2 cucharadas de aceite de cacahuete

75 ml / 5 cucharadas de caldo de pollo

Escaldar los brotes de soja en agua hirviendo durante 3 minutos y luego escurrir. Mezcle la carne de cerdo con la maicena, el vino o el jerez, la salsa de soja, el azúcar y la sal y déjela reposar durante 30 minutos. Calentar la mitad del aceite y sofreír los brotes de soja durante 1 minuto. Retirar de la sartén. Calentar el aceite restante y sofreír el cerdo hasta que esté ligeramente dorado. Agregue el caldo, tape y cocine a fuego lento durante 3 minutos. Regrese los brotes de soja a la sartén y revuelva hasta que estén bien calientes. Sirva de una vez.

Salteado de brócoli

Para 4 personas

45 ml / 3 cucharadas de aceite de maní (maní)

1 cebolla tierna (cebolleta), picada

450 g / 1 libra de floretes de brócoli

30 ml / 2 cucharadas de salsa de soja

5 ml / 1 cucharadita de azúcar

120 ml / 4 fl oz / ½ taza de caldo de pollo

5 ml / 1 cucharadita de harina de maíz (maicena)

Calentar el aceite y sofreír la cebolleta hasta que esté ligeramente dorada. Agrega el brócoli y sofríe durante 3 minutos. Agrega el resto de los ingredientes y sofríe durante 2 minutos.

Brócoli en Salsa Morena

Para 4 personas

225 g / 8 oz de floretes de brócoli

30 ml / 2 cucharadas de aceite de cacahuete

1 diente de ajo machacado

100 g / 4 oz de brotes de bambú, en rodajas

250 ml / 8 fl oz / 1 taza de caldo de pollo

15 ml / 1 cucharada de salsa de soja

15 ml / 1 cucharada de salsa de ostras

15 ml / 1 cucharada de harina de maíz (maicena)

30 ml / 2 cucharadas de vino de arroz o jerez seco

Hierva el brócoli en agua hirviendo durante 4 minutos y luego escúrralo bien. Calentar el aceite y sofreír los ajos hasta que estén dorados. Agrega el brócoli y los brotes de bambú y sofríe durante 1 minuto. Agregue el caldo, la salsa de soja y la salsa de ostras, lleve a ebullición, tape y cocine a fuego lento durante 4 minutos. Mezcle la harina de maíz y el vino o el jerez, revuélvalo en la sartén y cocine a fuego lento, revolviendo, hasta que la salsa se espese.

Repollo con Trozos de Tocino

Para 4 personas

350 g / 12 oz de repollo, finamente rallado

sal

3 rebanadas de tocino rayado, enjuagadas y cortadas en tiras

30 ml / 2 cucharadas de aceite de cacahuete

2 dientes de ajo

5 ml / 1 cucharadita de raíz de jengibre rallada

5 ml / 1 cucharadita de azúcar

120 ml / 4 fl oz / ½ taza de caldo de pollo o verduras

Espolvorea la col con sal y deja reposar 15 minutos. Fríe el tocino hasta que esté crujiente. Calentar el aceite y freír los ajos hasta que estén ligeramente dorados y luego desechar. Agrega la col a la sartén con el jengibre y el azúcar y sofríe durante 2 minutos. Agrega el caldo y el tocino y sofríe durante 2 minutos más. Sirve con arroz frito.

Repollo Crema

Para 4 personas

450 g / 1 libra de col china

45 ml / 3 cucharadas de aceite de maní (maní)

250 ml / 8 fl oz / 1 taza de caldo de pollo

sal

15 ml / 1 cucharada de harina de maíz (maicena)

50 g / 2 oz de jamón ahumado, cortado en cubitos

Cortar la col en tiras de 5 cm / 2. Calentar el aceite y sofreír el repollo durante 3 minutos. Agrega el caldo y sazona con sal. Llevar a ebullición, tapar y cocinar a fuego lento durante 4 minutos. Mezclar la harina de maíz con un poco de agua, revolver en la sartén y cocinar a fuego lento, revolviendo, hasta que la salsa espese. Transfiera a un plato para servir caliente y sirva espolvoreado con jamón.

Para 4 personas

6 hongos chinos secos

45 ml / 3 cucharadas de aceite de maní (maní)

1 col china, cortada en cubitos

1 pimiento rojo cortado en cubitos

1 pimiento verde cortado en cubitos

225 g / 8 oz de salchicha de ajo, cortada en cubitos

120 ml / 4 fl oz / ½ taza de caldo de pollo

45 ml / 3 cucharadas de vinagre de vino

20 ml / 4 cucharaditas de salsa de soja

20 ml / 4 cucharaditas de miel

5 ml / 1 cucharadita de harina de maíz (maicena)

sal y pimienta recién molida

20 ml / 2 cucharadas de cebollino picado

Remojar los champiñones en agua tibia durante 30 minutos y luego escurrir. Desechar los tallos y picar las tapas. Calentar el aceite y sofreír los champiñones, el repollo y los pimientos durante 5 minutos. Agrega la salchicha de ajo y sofríe brevemente. Mezclar el caldo con el vinagre de vino, la salsa de soja, la miel y la maicena. Revuelva en la sartén y deje hervir.

Sazone con sal y pimienta y cocine a fuego lento, revolviendo, hasta que la salsa espese. Sirve espolvoreado con cebollino.

Salteado de repollo picante

Para 4 personas

450 g / 1 libra de repollo, rallado

30 ml / 2 cucharadas de aceite de cacahuete

2 dientes de ajo machacados

1 rodaja de raíz de jengibre, picada

15 ml / 1 cucharada de salsa de ostras

15 ml / 1 cucharada de salsa de soja

15 ml / 1 cucharada de salsa de guindillas

5 ml / 1 cucharadita de aceite de sésamo

Escaldar el repollo en agua hirviendo con sal durante 2 minutos. Escurrir bien. Calentar el aceite y sofreír el ajo y el jengibre durante unos segundos hasta que estén ligeramente dorados. Agrega el repollo y sofríe durante 2 minutos. Agregue el resto de los ingredientes y saltee durante 2 minutos más.

Repollo agridulce

Para 4 personas

15 ml / 1 cucharada de aceite de cacahuete

1 repollo rallado

5 ml / 1 cucharadita de sal

30 ml / 2 cucharadas de vinagre de vino

30 ml / 2 cucharadas de azúcar

15 ml / 1 cucharada de salsa de soja

15 ml / 1 cucharada de harina de maíz (maicena)

45 ml / 3 cucharadas de agua

Calentar el aceite y sofreír el repollo durante 3 minutos. Agregue la sal y continúe salteando hasta que el repollo esté tierno. Licue el vinagre de vino, el azúcar, la salsa de soja, la harina de maíz y el agua hasta obtener una pasta, agréguelo a la sartén y cocine a fuego lento, revolviendo, hasta que la salsa cubra el repollo.

Col roja agridulce

Para 4 personas

30 ml / 2 cucharadas de aceite de cacahuete

450 g / 1 libra de col lombarda, rallada

50 g / 2 oz / ¼ taza de azúcar morena

45 ml / 3 cucharadas de vinagre de vino

15 ml / 1 cucharada de salsa de soja

5 ml / 1 cucharadita de sal

15 ml / 1 cucharada de harina de maíz (maicena)

Calentar el aceite y sofreír el repollo durante 4 minutos. Agrega el azúcar, el vinagre de vino, la salsa de soja y la sal y sofríe durante 2 minutos. Mezclar la maicena con un poco de agua y sofreír durante 1 minuto.

Algas crujientes

Para 4 personas

750 g / 1½ lb de lechugas verdes, finamente ralladas

aceite para freír

5 ml / 1 cucharadita de sal

10 ml / 2 cucharaditas de azúcar en polvo

Enjuague las verduras y luego séquelas bien. Calienta el aceite y fríe las verduras en lotes a fuego medio hasta que floten hacia la superficie. Retirar del aceite y escurrir bien sobre papel de cocina. Espolvoree con sal y azúcar y mezcle suavemente. Servir frío.

Zanahorias con Miel

Para 4 personas

1 kg / 2 lb de zanahorias de primavera pequeñas

20 ml / 4 cucharaditas de aceite de cacahuete

20 ml / 4 cucharaditas de mantequilla sin sal

15 ml / 1 cucharada de agua

10 ml / 2 cucharaditas de miel

15 ml / 1 cucharada de cilantro fresco picado

100 g / 4 oz de piñones

sal y pimienta recién molida

Lavar las zanahorias y cortar el verde a 5 mm. Calentar el aceite y la mantequilla, añadir el agua y la miel y llevar a ebullición. Agrega las zanahorias y cocina por unos 4 minutos. Agrega el cilantro y los piñones y sazona con sal y pimienta.

Salteado de Zanahoria y Pimiento

Para 4 personas

30 ml / 2 cucharadas de aceite de cacahuete

2,5 ml / ½ cucharadita de sal

4 zanahorias en rodajas

1 pimiento verde cortado en tiritas

30 ml / 2 cucharadas de azúcar

15 ml / 1 cucharada de vinagre de vino

250 ml / 8 fl oz / 1 taza de tock de pollo

15 ml / 1 cucharada de harina de maíz (maicena)

Calentar el aceite y la sal, luego agregar las zanahorias y la pimienta y sofreír durante 3 minutos. Agrega el azúcar, el vinagre de vino y la mitad del caldo, lleva a ebullición, tapa y cocina a fuego lento durante 5 minutos. Agregue la harina de maíz al caldo restante, agregue a la sartén y cocine a fuego lento, revolviendo, hasta que la salsa espese y se aclare.

Coliflor Salteada

Para 4 personas

450 g / 1 libra de cogollos de coliflor

45 ml / 3 cucharadas de aceite de maní (maní)

1 cebolla tierna (cebolleta), picada

120 ml / 4 fl oz / ½ taza de caldo de pollo

5 ml / 1 cucharadita de harina de maíz (maicena)

Blanquear la coliflor en agua hirviendo durante 2 minutos y luego escurrir bien. Calentar el aceite y sofreír la cebolleta hasta que esté ligeramente dorada. Agrega la coliflor y sofríe durante 4 minutos. Agrega el resto de los ingredientes y sofríe durante 2 minutos.

Coliflor con Champiñones

Para 4 personas

6 hongos chinos secos

1 coliflor pequeña

45 ml / 3 cucharadas de aceite de maní (maní)

100 g / 4 oz de castañas de agua, en rodajas

45 ml / 3 cucharadas de salsa de soja

15 ml / 1 cucharada de vino de arroz o jerez seco

5 ml / 1 cucharadita de harina de maíz (maicena)

30 ml / 2 cucharadas de agua

Remoje los champiñones en agua tibia durante 30 minutos y luego escurra, reservando 120 ml / 4 fl oz / ½ taza de líquido. Deseche los tallos y corte las tapas. Corta la coliflor en floretes pequeños. Calentar el aceite y sofreír los champiñones hasta que estén cubiertos de aceite. Agrega las castañas de agua y sofríe durante 1 minuto. Mezclar la salsa de soja y el vino o jerez con el líquido de las setas y añadirlo a la sartén con la coliflor. Llevar a ebullición, tapar y cocinar a fuego lento durante 5 minutos. Mezcle la harina de maíz y el agua hasta obtener una pasta, agregue la salsa y cocine a fuego lento, revolviendo, hasta que la salsa espese.

Salteado de apio

Para 4 personas

30 ml / 2 cucharadas de aceite de cacahuete

6 cebolletas (cebolletas), picadas

½ cabeza de apio, cortado en trozos

15 ml / 1 cucharada de salsa de soja

5 ml / 1 cucharadita de sal

Calentar el aceite y sofreír las cebolletas hasta que estén ligeramente doradas. Agregue el apio y revuelva hasta que esté bien cubierto de aceite. Agregue la salsa de soja y la sal, revuelva bien, tape y cocine a fuego lento durante 3 minutos.

Apio y setas

Para 4 personas

45 ml / 3 cucharadas de aceite de maní (maní)

6 tallos de apio, cortados en diagonal

225 g / 8 oz de champiñones, en rodajas

30 ml / 2 cucharadas de vino de arroz o jerez seco

sal y pimienta recién molida

Calentar el aceite y sofreír el apio durante 3 minutos. Agrega los champiñones y sofríe durante 2 minutos. Agrega el vino o jerez y sazona con sal y pimienta. Sofreír durante unos minutos hasta que esté bien caliente.

Hojas chinas salteadas

Para 4 personas

15 ml / 1 cucharada de aceite de cacahuete

1 diente de ajo picado

3 cebolletas (cebolletas), picadas

350 g / 12 oz de hojas chinas, ralladas

2,5 ml / ½ cucharadita de sal

450 ml / ¾ pt de agua hirviendo

Calentar el aceite y sofreír el ajo y la cebolla hasta que estén ligeramente dorados. Agrega las hojas chinas y la sal y revuelve bien. Agregue el agua hirviendo, vuelva a hervir, cubra y cocine a fuego lento durante unos 5 minutos hasta que las hojas chinas estén tiernas pero aún crujientes. Escurrir bien.

Hojas chinas en leche

Para 4 personas

350 g / 12 oz de hojas chinas, ralladas

45 ml / 3 cucharadas de aceite de maní (maní)

3 cebolletas (cebolletas), picadas

15 ml / 1 cucharada de vino de arroz o jerez seco

90 ml / 6 cucharadas de caldo de pollo

sal

90 ml / 6 cucharadas de leche

15 ml / 1 cucharada de harina de maíz (maicena)

5 ml / 1 cucharadita de aceite de sésamo

Cocine al vapor las hojas chinas durante unos 5 minutos hasta que estén tiernas. Calentar el aceite y sofreír las cebolletas hasta que estén ligeramente doradas. Agrega el vino o el jerez y el caldo de pollo y sazona con sal. Agregue el repollo, cubra y cocine a fuego lento durante 5 minutos. Mezcle la leche y la harina de maíz, revuelva cn la sartén y cocine a fuego lento, revolviendo, durante 2 minutos. Sirve espolvoreado con aceite de sésamo.

Hojas chinas con champiñones

Para 4 personas

50 g / 2 oz de champiñones chinos secos

450 g / 1 lb de hojas chinas

45 ml / 3 cucharadas de aceite de maní (maní)

120 ml / 4 fl oz / ½ taza de caldo de pollo

15 ml / 1 cucharada de salsa de soja

5 ml / 1 cucharadita de sal

5 ml / 1 cucharadita de azúcar

15 ml / 1 cucharada de harina de maíz (maicena)

10 ml / 2 cucharaditas de aceite de sésamo

Remojar los champiñones en agua tibia durante 30 minutos y luego escurrir. Deseche los tallos y corte las tapas. Corta la cabeza de las hojas chinas en rodajas gruesas. Calentar la mitad del aceite, agregar las hojas chinas y sofreír durante 2 minutos. Agrega el caldo de pollo, la salsa de soja, la sal y el azúcar y sofríe durante unos 4 minutos. Agrega los champiñones y sofríe hasta que las verduras estén tiernas. Mezcle la harina de maíz con un poco de agua, revuélvala con la salsa y cocine a fuego lento, revolviendo hasta que la salsa se aclare y espese. Sirve espolvoreado con aceite de sésamo.

Hojas chinas con vieiras

Para 4 personas

4 corazones de hojas chinas

600 ml / 1 pt / 2½ tazas de caldo de pollo

100 g / 4 oz de vieiras sin cáscara, en rodajas

5 ml / 1 cucharadita de harina de maíz (maicena)

Coloque las hojas chinas y el caldo en una sartén, lleve a ebullición y cocine a fuego lento durante unos 10 minutos hasta que estén tiernas. Transfiera las hojas chinas a un plato para servir caliente y manténgalas calientes. Vierta todo menos 250 ml / 8 fl oz / 1 taza de caldo. Agregue las vieiras y cocine a fuego lento durante unos minutos hasta que las vieiras estén tiernas. Licúa la harina de maíz con un poco de agua, revuélvela en la sartén y cocina a fuego lento, revolviendo, hasta que la salsa espese un poco. Vierta sobre las hojas chinas y sirva.

Hojas chinas al vapor

Para 4 personas

450 g / 1 lb de hojas chinas, separadas

15 ml / 1 cucharada de harina de maíz (maicena)

5 ml / 1 cucharadita de sal

300 ml / ½ pt / 1¼ tazas de caldo de pollo

Coloca las hojas en un recipiente resistente al horno, colócalo sobre una rejilla en una vaporera y cocínalo al vapor sobre agua hirviendo suavemente durante 15 minutos. Mientras tanto, licúa la harina de maíz, la sal y el caldo a fuego suave, lleva a ebullición y cocina a fuego lento, revolviendo, hasta que la mezcla espese. Coloque las hojas chinas en un plato para servir caliente, vierta sobre la salsa y sirva.

Hojas chinas con castañas de agua

Para 4 personas

450 g / 1 lb de hojas chinas, ralladas

45 ml / 3 cucharadas de aceite de maní (maní)

100 g / 4 oz de castañas de agua, en rodajas

250 ml / 8 fl oz / 1 taza de caldo de pollo

15 ml / 1 cucharada de salsa de soja

15 ml / 1 cucharada de harina de maíz (maicena)

15 ml / 1 cucharada de agua

Escaldar las hojas chinas en agua hirviendo durante 2 minutos y luego escurrir. Calentar el aceite y sofreír las castañas de agua durante 2 minutos. Agrega las hojas chinas y sofríe durante 3 minutos. Agregue el caldo de pollo y la salsa de soja, lleve a ebullición, tape y cocine a fuego lento durante 5 minutos. Mezcle la harina de maíz y el agua hasta obtener una pasta, revuelva en la sartén y cocine a fuego lento, revolviendo, hasta que la salsa se aclare y espese.

Para 4 personas

45 ml / 3 cucharadas de aceite de maní (maní)

1 cebolla tierna (cebolleta), picada

450 g / 1 lb de calabacines (calabacín), en rodajas gruesas

30 ml / 2 cucharadas de salsa de soja

5 ml / 1 cucharadita de azúcar

120 ml / 4 fl oz / ½ taza de caldo de pollo

5 ml / 1 cucharadita de harina de maíz (maicena)

Calentar el aceite y sofreír la cebolleta hasta que esté ligeramente dorada. Agrega los calabacines y sofríe durante 3 minutos. Agrega el resto de los ingredientes y sofríe durante 4 minutos.

Calabacines en Salsa de Frijoles Negros

Para 4 personas

30 ml / 2 cucharadas de aceite de cacahuete

1 diente de ajo machacado

5 ml / 1 cucharadita de sal

15 ml / 1 cucharada de salsa de guindillas

450 g / 1 lb de calabacines (calabacín), en rodajas gruesas

30 ml / 2 cucharadas de vino de arroz o jerez seco

45 ml / 3 cucharadas de agua

15 ml / 1 cucharada de aceite de sésamo

Calentar el aceite y sofreír el ajo, la sal y la salsa de guindilla durante unos segundos. Agrega los calabacines y sofríe durante 3 minutos hasta que estén ligeramente dorados. Agregue los ingredientes restantes, incluido el aceite de sésamo al gusto, y saltee durante 1 minuto.

Bocaditos de calabacín rellenos

Para 4 personas

4 calabacines grandes (calabacín)

225 g / 8 oz de carne de cerdo picada (molida)

225 g / 8 oz de carne de cangrejo, en copos

2 huevos batidos

30 ml / 2 cucharadas de salsa de soja

30 ml / 2 cucharadas de salsa de ostras

pizca de jengibre molido

sal y pimienta recién molida

75 ml / 5 cucharadas de harina de maíz (maicena)

50 g / 2 oz / ½ taza de pan rallado

aceite para freír

Cortar los calabacines por la mitad a lo largo y quitar las semillas y el corazón con una cuchara. Mezclar el cerdo, la carne de cangrejo, los huevos, las salsas, el jengibre, la sal y la pimienta. Ate con la harina de maíz y el pan rallado. Cubra y enfríe durante 30 minutos. Rellena los calabacines con la mezcla y luego córtalos en trozos. Calentar el aceite y sofreír los calabacines hasta que estén dorados. Escurrir sobre papel de cocina antes de servir.

Para 4 personas

45 ml / 3 cucharadas de aceite de maní (maní)

100 g / 4 oz de gambas peladas

1 pepino, pelado y cortado en rodajas gruesas

30 ml / 2 cucharadas de salsa de soja

5 ml / 1 cucharadita de vino de arroz o jerez seco

5 ml / 1 cucharadita de azúcar morena

sal

45 ml / 3 cucharadas de agua

Calentar el aceite y sofreír las gambas durante 30 segundos. Agrega el pepino y sofríe durante 1 minuto. Agrega la salsa de soja, el vino o jerez y el azúcar y sazona con sal. Sofreír durante 3 minutos, añadiendo un poco de agua si es necesario. Servir inmediatamente.

Pepinos con aceite de sésamo

Para 4 personas

1 pepino grande

sal

30 ml / 2 cucharadas de aceite de sésamo

2,5 ml / ½ cucharadita de azúcar

Pelar el pepino y cortarlo por la mitad a lo largo. Saque las semillas y luego córtelas en rodajas gruesas. Colocar las rodajas de pepino en un colador y espolvorear generosamente con sal. Deje reposar durante 1 hora y luego elimine la mayor cantidad de humedad posible. Calentar el aceite y sofreír los pepinos durante 2 minutos hasta que se ablanden. Agregue el azúcar y sirva de inmediato.

Pepinos Rellenos

Para 4 personas

225 g / 8 oz de carne de cerdo picada (molida)

1 huevo batido

30 ml / 2 cucharadas de harina de maíz (maicena)

15 ml / 1 cucharada de vino de arroz o jerez seco

30 ml / 2 cucharadas de salsa de soja

sal y pimienta recién molida

2 pepinos grandes

30 ml / 2 cucharadas de harina común (para todo uso)

45 ml / 3 cucharadas de aceite de maní (maní)

150 ml / ¼ pt / generosa ½ taza de caldo de pollo

30 ml / 2 cucharadas de agua

Mezclar el cerdo, el huevo, la mitad de la maicena, el vino o jerez y la mitad de la salsa de soja y sazonar con sal y pimienta. Pelar los pepinos y cortarlos en trozos de 5 cm / 2. Saque algunas de las semillas para hacer huecos y rellene con relleno, presionando hacia abajo. Espolvoree con harina. Calentar el aceite y freír los trozos de pepino, con el relleno hacia abajo, hasta que estén ligeramente dorados. Dar la vuelta y cocinar hasta que se dore el otro lado. Agregue el caldo y la salsa de soja, lleve a ebullición, tape y cocine a fuego lento durante 20 minutos hasta que estén tiernos, volteando ocasionalmente. Transfiera los pepinos a un plato para servir caliente. Mezcle la harina de maíz restante con el agua, revuélvala en la sartén y cocine a fuego lento, revolviendo, hasta que la salsa se aclare y espese. Vierta sobre los pepinos y sirva.

Hojas de diente de león salteadas

Para 4 personas

30 ml / 2 cucharadas de aceite de cacahuete

450 g / 1 lb de hojas de diente de león

5 ml / 1 cucharadita de sal

15 ml / 1 cucharada de azúcar

Calentar el aceite, agregar las hojas de diente de león, la sal y el azúcar y sofreír a fuego moderado durante 5 minutos. Sirva de una vez.

Lechuga estofada

Para 4 personas

1 cabeza de lechuga crujiente

15 ml / 1 cucharada de aceite de cacahuete

2,5 ml / ½ cucharadita de sal

1 diente de ajo machacado

60 ml / 4 cucharadas de caldo de pollo

5 ml / 1 cucharadita de salsa de soja

Separe la lechuga en hojas. Calentar el aceite y sofreír la sal y el ajo hasta que estén ligeramente dorados. Agregue la lechuga y cocine a fuego lento durante 1 minuto, revolviendo para cubrir la lechuga en aceite. Agregue el caldo y cocine a fuego lento durante 2 minutos. Sirve espolvoreado con salsa de soja.

Lechuga Salteada con Jengibre

Para 4 personas

45 ml / 3 cucharadas de aceite de maní (maní)

2 dientes de ajo machacados

1 cm / ½ pulgada de raíz de jengibre, finamente picada

1 lechuga, rallada

Calentar el aceite y freír el ajo y el jengibre hasta que estén ligeramente dorados. Agregue la lechuga y saltee durante aproximadamente 2 minutos hasta que esté brillante y ligeramente marchita. Sirva de una vez.

Mangetout con brotes de bambú

Para 4 personas

30 ml / 2 cucharadas de aceite de cacahuete

100 g / 4 oz de carne de cerdo picada (molida)

100 g / 4 oz de champiñones

225 g / 8 oz de brotes de bambú, en rodajas

225 g / 8 oz de tirabeques (guisantes)

15 ml / 1 cucharada de salsa de soja

15 ml / 1 cucharada de harina de maíz (maicena)

5 ml / 1 cucharadita de azúcar

120 ml / 4 fl oz / ½ taza de caldo de pollo

Calentar el aceite y sofreír el cerdo hasta que esté ligeramente dorado. Agregue los champiñones y los brotes de bambú y saltee durante 2 minutos. Agrega el tirabeque y sofríe durante 2 minutos. Espolvorea con salsa de soja. Mezcle la harina de maíz, el azúcar y el caldo hasta obtener una pasta, revuelva en la sartén y cocine a fuego lento, revolviendo, hasta que la salsa espese.

Mangetout con Champiñones y Jengibre

Para 4 personas

45 ml / 3 cucharadas de aceite de maní (maní)

3 cebolletas (cebolletas), en rodajas

1 rodaja de raíz de jengibre, picada

225 g / 8 oz de champiñones, cortados por la mitad

300 ml / ½ pt / 1¼ taza de caldo de pollo

10 ml / 2 cucharaditas de harina de maíz (maicena)

15 ml / 1 cucharada de agua

15 ml / 1 cucharada de salsa de ostras

225 g / 8 oz de tirabeques (guisantes)

Calentar el aceite y sofreír las cebolletas y el jengibre hasta que estén ligeramente dorados. Agrega los champiñones y sofríe durante 3 minutos. Agrega el caldo, lleva a ebullición, tapa y cocina a fuego lento durante 3 minutos. Mezcle la harina de maíz hasta obtener una pasta con el agua y la salsa de ostras, revuélvala en la sartén y cocine a fuego lento, revolviendo, hasta que la salsa espese. Agregue el mangetout y caliente antes de servir.

Médula china

Para 4 personas

60 ml / 4 cucharadas de aceite de cacahuete

450 g / 1 libra de tuétano, en rodajas finas

30 ml / 2 cucharadas de salsa de soja

10 ml / 2 cucharaditas de sal

pimienta recién molida

Calentar el aceite y sofreír las rodajas de tuétano durante 2 minutos. Agrega la salsa de soja, la sal y una pizca de pimienta y sofríe durante 4 minutos más.

Tuétano Relleno

Para 4 personas

450 g / 1 libra de filetes de pescado, en copos

5 ml / 1 cucharadita de sal

2 cebolletas (cebolletas), picadas

100 g / 4 oz de jamón ahumado, picado

50 g / 2 oz / ½ taza de almendras picadas

1 tuétano, cortado a la mitad

aceite para freír

250 ml / 8 fl oz / 1 taza de caldo de pollo

30 ml / 2 cucharadas de harina de maíz (maicena)

15 ml / 1 cucharada de salsa de soja

5 ml / 1 cucharadita de azúcar

60 ml / 4 cucharadas de agua

5 ml / 1 cucharadita de aceite de sésamo

15 ml / 1 cucharada de perejil de hoja plana picado

Mezclar el pescado, la sal, las cebolletas, el jamón y las almendras. Saque las semillas de la médula y parte de la pulpa para hacer un hueco. Presione la mezcla de pescado en el tuétano. Calentar el aceite y freír las mitades de tuétano, una a la vez si es necesario, hasta que estén doradas. Transfiera a una sartén limpia y agregue el caldo. Llevar a ebullición, tapar y cocinar a fuego lento durante 40 minutos. Mezcle la harina de maíz, la salsa de soja, el azúcar, el agua y el aceite de sésamo hasta obtener una pasta, revuelva en la sartén y cocine a fuego lento, revolviendo, hasta que la salsa se aclare y espese. Sirve adornado con perejil.

Champiñones con Salsa de Anchoas

Para 4 personas

15 ml / 1 cucharada de aceite de cacahuete

450 g / 1 libra de champiñones

2 chalotas, en rodajas

1 rama de hierba de limón, picada

1 tomate grande, cortado en cubitos

60 ml / 4 cucharadas de perejil de hoja plana picado

20 ml / 4 cucharaditas de pasta de anchoas

50 g / 2 oz / ½ taza de mantequilla

sal y pimienta recién molida

4 rebanadas de pan

8 filetes de anchoa

Calentar el aceite y sofreír las setas, las chalotas y el limoncillo hasta que estén ligeramente dorados. Agrega el tomate y la mitad del perejil y revuelve bien. Mezclar la pasta de anchoas y la mantequilla, cortada en hojuelas. Condimentar con sal y pimienta. Tostar el pan y espolvorear con el perejil restante. Colocar los filetes de anchoa encima y servir con los champiñones.

Hongos y brotes de bambú

Para 4 personas

45 ml / 3 cucharadas de aceite de maní (maní)

5 ml / 1 cucharadita de sal

1 diente de ajo machacado

225 g / 8 oz de brotes de bambú, en rodajas

225 g / 8 oz de champiñones, en rodajas

45 ml / 3 cucharadas de salsa de soja

15 ml / 1 cucharada de vino de arroz o jerez seco

15 ml / 1 cucharada de azúcar

15 ml / 1 cucharada de harina de maíz (maicena)

90 ml / 6 cucharadas de caldo de pollo

Calentar el aceite y sofreír la sal y el ajo hasta que el ajo se torne ligeramente dorado. Agrega los brotes de bambú y los champiñones y sofríe durante 3 minutos. Agrega la salsa de soja, el vino o jerez y el azúcar y sofríe durante 3 minutos. Mezcle la harina de maíz y el caldo y revuélvalo en la sartén. Lleve a ebullición, revolviendo, luego cocine a fuego lento durante unos minutos hasta que la salsa espese y se aclare.

Hongos con brotes de bambú y tirabeques

Para 4 personas

8 hongos chinos secos

30 ml / 2 cucharadas de aceite de cacahuete

100 g / 4 oz de tirabeques (guisantes)

100 g / 4 oz de brotes de bambú, en rodajas

60 ml / 4 cucharadas de caldo

30 ml / 2 cucharadas de salsa de soja

5 ml / 1 cucharadita de azúcar

Remojar los champiñones en agua tibia durante 30 minutos y luego escurrir. Deseche los tallos y corte las tapas. Calentar el aceite y freír el tirabequc durante unos 30 segundos y luego retirar de la sartén. Agregue los champiñones y los brotes de bambú y saltee hasta que estén bien cubiertos de aceite. Agrega el caldo, la salsa de soja y el azúcar, lleva a ebullición, tapa y cocina a fuego lento durante 3 minutos. Regrese el mangetout a la sartén y cocine a fuego lento, sin tapar, hasta que esté bien caliente. Sirva de una vez.

Hongos con Mangetout

Para 4 personas

30 ml / 2 cucharadas de aceite de cacahuete

225 g / 8 oz de champiñones

450 g / 1 lb de tirabeques (guisantes)

15 ml / 1 cucharada de salsa de soja

10 ml / 2 cucharaditas de aceite de sésamo

5 ml / 1 cucharadita de azúcar morena

Calentar el aceite y freír los champiñones durante 5 minutos. Agrega el tirabeque y sofríe durante 1 minuto. Agrega el resto de los ingredientes y sofríe durante 4 minutos.

Hongos picantes

Para 4 personas

15 ml / 1 cucharada de aceite de cacahuete

1 diente de ajo finamente picado

1 rodaja de raíz de jengibre, picada

2 cebolletas (cebolletas), picadas

225 g / 8 oz de champiñones

15 ml / 1 cucharada de salsa hoisin

15 ml / 1 cucharada de vino de arroz o jerez seco

45 ml / 3 cucharadas de caldo de pollo

5 ml / 1 cucharadita de aceite de sésamo

Calentar el aceite y sofreír el ajo, el jengibre y las cebolletas durante 2 minutos. Agrega los champiñones y sofríe durante 2 minutos. Agrega el resto de los ingredientes y sofríe durante 5 minutos.

Champiñones al vapor

Para 4 personas

18 hongos chinos secos

450 ml / ¾ pt / 2 tazas de caldo

30 ml / 2 cucharadas de aceite de cacahuete

5 ml / 1 cucharadita de azúcar

Remoje los champiñones en agua tibia durante 30 minutos y luego escurra, reservando 250 ml / 8 fl oz / 1 taza de líquido de remojo. Deseche los tallos y coloque las tapas en un recipiente resistente al calor. Agregue los ingredientes restantes, coloque el recipiente sobre una rejilla en una vaporera, cubra y cocine al vapor sobre agua hirviendo durante aproximadamente 1 hora.

Champiñones Rellenos Al Vapor

Para 4 personas

450 g / 1 libra de champiñones grandes

225 g / 8 oz de carne de cerdo picada (molida)

225 g / 8 oz de gambas peladas, finamente picadas

4 castañas de agua, finamente picadas

15 ml / 1 cucharada de harina de maíz (maicena)

5 ml / 1 cucharadita de sal

5 ml / 1 cucharadita de azúcar

30 ml / 2 cucharadas de salsa de soja

120 ml / 4 fl oz / ½ taza

Retire los tallos de los champiñones. Pica los tallos y mézclalos con el resto de los ingredientes. Coloque las tapas de los champiñones en un plato refractario y cubra con la mezcla de relleno, presionándola hacia abajo en forma de cúpula. Vierta un poco de caldo sobre cada uno, reservando un poco de caldo. Coloque el plato sobre una rejilla en una vaporera, cubra y cocine al vapor sobre agua hirviendo a fuego lento durante unos 45 minutos hasta que los champiñones estén cocidos, rociando con un poco más de caldo durante la cocción si es necesario.

Champiñones de Paja en Salsa de Ostras

Para 4 personas

15 ml / 1 cucharada de aceite de cacahuete

225 g / 8 oz de setas de paja

120 ml / 4 fl oz / ½ taza de caldo de pollo

2,5 ml / ½ cucharadita de azúcar

5 ml / 1 cucharadita de salsa de ostras

5 ml / 1 cucharadita de harina de maíz (maicena)

15 ml / 1 cucharada de agua

Calentar el aceite y sofreír los champiñones a fuego lento hasta que estén bien cubiertos. Agregue el caldo, el azúcar y la salsa de ostras, lleve a ebullición y cocine a fuego lento hasta que los champiñones estén tiernos. Mezcle la harina de maíz y el agua hasta obtener una pasta, revuelva en la sartén y cocine a fuego lento, revolviendo, hasta que la salsa se aclare y espese.

Cebollas al horno

Para 4 personas

8 cebollas grandes

sal y pimienta recién molida

30 ml / 2 cucharadas de aceite de cacahuete

120 ml / 4 fl oz / ½ taza de agua

15 ml / 1 cucharada de harina de maíz (maicena)

15 ml / 1 cucharada de perejil fresco picado

Coloque las cebollas en una sartén y cúbralas con agua hirviendo con sal. Cubra y cocine a fuego lento durante 5 minutos y luego escurra. Colocar las cebollas en una fuente refractaria, condimentar con sal y pimienta y untar con aceite. Verter el agua, tapar y hornear en horno precalentado a 190 ° C / 375 ° F / marca de gas 5 durante 1 hora. Licúa la harina de maíz con un poco de agua y revuélvela con el líquido de la cebolla. Hornee por 5 minutos más, revolviendo ocasionalmente, hasta que la salsa espese. Sirve adornado con perejil.

Cebollas al curry con guisantes

Para 4 personas

450 g / 1 libra de cebollas perla

10 ml / 2 cucharaditas de sal

225 g / 8 oz de guisantes

45 ml / 3 cucharadas de aceite de maní (maní)

10 ml / 2 cucharaditas de curry en polvo

pimienta recién molida

Coloque las cebollas en una sartén y cúbralas con agua hirviendo. Condimente con 5 ml / 1 cucharadita de sal y hierva durante 5 minutos. Tapar y hervir durante 10 minutos más. Agregue los guisantes y cocine por 5 minutos más y luego escurra. Calentar el aceite y freír el curry en polvo, la sal restante y la pimienta restante durante 30 segundos. Agrega las verduras escurridas y sofríe hasta que estén calientes y glaseadas con el aceite de curry.

Cebollas Perlas en Salsa de Naranja y Jengibre

Para 4 personas

3 naranjas

2 chiles rojos

15 ml / 1 cucharada de aceite de nuez

450 g / 1 libra de cebollas perla

1 rodaja de raíz de jengibre, picada

10 ml / 2 cucharaditas de azúcar

10 ml / 2 cucharaditas de vinagre de sidra

15 ml / 1 cucharada de pimienta roja en grano

sal

5 ml / 1 cucharadita de cáscara de limón rallada

unas hojas de cilantro

Con un rallador, corte la cáscara de naranja en rodajas estrechas. Corta las naranjas por la mitad y exprime el jugo. Corta los chiles por la mitad y quita las semillas. Calentar el aceite y sofreír las cebollas, el jengibre y los chiles durante 1 minuto. Agregue el azúcar y luego cocine a fuego lento hasta que las cebollas estén transparentes. Mezcle el jugo de naranja, el vinagre de sidra, los granos de pimienta y la cáscara de naranja y sazone con sal. Agregue la cáscara de limón y la mayor parte de las hojas de cilantro. Colocar en un plato para servir caliente y decorar con las hojas de cilantro restantes.

Crema De Cebolla

Para 4 personas

4 lonchas de tocino

450 g / 1 libra de cebollas, en rodajas

50 g / 2 oz / ½ taza de harina de maíz (maicena)

2 huevos, ligeramente batidos

120 ml / 4 fl oz / ½ taza de agua

pizca de nuez moscada rallada

10 ml / 2 cucharaditas de sal

Freír el tocino hasta que esté crujiente, escurrir y picar. Agrega las cebollas a la sartén y sofríe hasta que se ablanden. Batir la maicena con los huevos y el agua y sazonar con nuez moscada y sal. Mezclar el tocino con la cebolla y colocar en una fuente refractaria engrasada. Cubra con la mezcla de huevo y coloque el plato en una fuente para asar medio llena de agua. Hornee en un horno precalentado a 180 ° C / 350 ° F / marca de gas 4 durante 45 minutos hasta que las natillas estén listas.

Para 4 personas

45 ml / 3 cucharadas de aceite de maní (maní)

2 cebolletas (cebolletas), picadas

450 g / 1 lb de pak choi, rallado

15 ml / 1 cucharada de salsa de soja

2,5 ml / ½ cucharadita de azúcar

120 ml / 4 fl oz / ½ taza de caldo de pollo

5 ml / 1 cucharadita de harina de maíz (maicena)

Calentar el aceite y sofreír las cebolletas hasta que estén ligeramente doradas. Agrega el pak choi y sofríe durante 3 minutos. Agrega el resto de los ingredientes y sofríe durante 2 minutos.

Para 4 personas

45 ml / 3 cucharadas de aceite de maní (maní)

1 cebolla tierna (cebolleta), picada

225 g / 8 oz de champiñones, cortados por la mitad

225 g / 8 oz de guisantes congelados

30 ml / 2 cucharadas de salsa de soja

5 ml / 1 cucharadita de azúcar

120 ml / 4 fl oz / ½ taza de caldo de pollo

5 ml / 1 cucharadita de harina de maíz (maicena)

Calentar el aceite y sofreír la cebolleta hasta que esté ligeramente dorada. Agrega los champiñones y sofríe durante 3 minutos. Agrega los guisantes y sofríe durante 4 minutos. Agrega el resto de los ingredientes y sofríe durante 2 minutos.

Para 4 personas

30 ml / 2 cucharadas de aceite de cacahuete

2 pimientos verdes cortados en cubos

2 pimientos rojos cortados en cubos

15 ml / 1 cucharada de caldo de pollo o agua

5 ml / 1 cucharadita de sal

5 ml / 1 cucharadita de azúcar morena

Calentar el aceite hasta que esté muy caliente, agregar los pimientos y sofreír hasta que la piel se arrugue un poco. Agrega el caldo o agua, la sal y el azúcar y sofríe durante 2 minutos.

Salteado de Frijoles y Pimienta

Para 4 personas

30 ml / 2 cucharadas de aceite de cacahuete

2 dientes de ajo machacados

5 ml / 1 cucharadita de sal

2 pimientos rojos cortados en tiritas

225 g / 8 oz de frijoles franceses

5 ml / 1 cucharadita de azúcar

30 ml / 2 cucharadas de agua

Calentar el aceite y sofreír el ajo, la sal, los pimientos y los frijoles durante 3 minutos. Agregue el azúcar y el agua y saltee durante unos 5 minutos hasta que las verduras estén tiernas pero aún crujientes.

Pimientos Rellenos de Pescado

Para 4 personas

225 g / 8 oz de filetes de pescado, en copos

2 cebolletas (cebolletas), picadas

30 ml / 2 cucharadas de harina de maíz (maicena)

15 ml / 1 cucharada de aceite de cacahuete

30 ml / 2 cucharadas de agua

sal y pimienta recién molida

4 pimientos verdes

120 ml / 4 fl oz / ½ taza de caldo de pollo

2,5 ml / ½ cucharadita de sal

60 ml / 4 cucharadas de agua

Mezclar el pescado, las cebolletas, la mitad de la maicena, el aceite y el agua y sazonar con sal y pimienta. Corta la parte superior de los pimientos y saca las semillas. Rellene con la mezcla de relleno y vuelva a colocar las tapas como tapas. Coloque los pimientos en posición vertical en una sartén y agregue el caldo. Llevar a ebullición y sazonar con sal y pimienta. Tape y cocine a fuego lento durante 1 hora. Transfiera los pimientos a un plato para servir tibio. Mezcle el resto de la harina de maíz y el agua hasta obtener una pasta, revuelva en la sartén y deje hervir. Cocine a fuego lento, revolviendo, hasta que la salsa se aclare y espese. Vierta sobre los pimientos y sirva de una vez.

Pimientos Rellenos De Cerdo

Para 4 personas

30 ml / 2 cucharadas de aceite de cacahuete

225 g / 8 oz de carne de cerdo picada (molida)

2 cebolletas (cebolletas), picadas

4 castañas de agua, picadas

30 ml / 2 cucharadas de salsa de soja

sal y pimienta recién molida

4 pimientos verdes

120 ml / 4 fl oz / ½ taza de caldo de pollo

2,5 ml / ½ cucharadita de sal

15 ml / 1 cucharada de harina de maíz (maicena)

60 ml / 4 cucharadas de agua

Calentar el aceite y sofreír el cerdo, las cebolletas y las castañas de agua hasta que estén ligeramente doradas. Retirar del fuego, remover la mitad de la salsa de soja y sazonar con sal y pimienta. Corta la parte superior de los pimientos y saca las semillas. Rellene con la mezcla de relleno y vuelva a colocar las tapas como tapas. Coloque los pimientos en posición vertical en una sartén y agregue el caldo. Llevar a ebullición y sazonar con sal y pimienta. Tape y cocine a fuego lento durante 1 hora. Transfiera los pimientos a un plato para servir tibio. Mezcle la harina de maíz, la salsa de soja restante y el agua hasta obtener una pasta, revuelva en la sartén y deje hervir. Cocine a fuego lento, revolviendo, hasta que la salsa se aclare y espese. Vierta sobre los pimientos y sirva de una vez.

Para 4 personas

30 ml / 2 cucharadas de aceite de cacahuete

2 zanahorias ralladas

1 cebolla rallada

45 ml / 3 cucharadas de salsa de tomate (salsa de tomate)

5 ml / 1 cucharadita de azúcar

sal y pimienta recién molida

4 pimientos verdes

120 ml / 4 fl oz / ½ taza de caldo de pollo

2,5 ml / ½ cucharadita de sal

15 ml / 1 cucharada de harina de maíz (maicena)

15 ml / 1 cucharada de salsa de soja

60 ml / 4 cucharadas de agua

Calentar el aceite y sofreír las zanahorias y las cebollas hasta que se ablanden un poco. Retire del fuego y agregue la salsa de tomate y el azúcar. Condimentar con sal y pimienta. Corta la parte superior de los pimientos y saca las semillas. Rellene con la mezcla de relleno y vuelva a colocar las tapas como tapas. Coloque los pimientos en posición vertical en una sartén y agregue el caldo. Llevar a ebullición y sazonar con sal y pimienta. Tape y cocine a fuego lento durante 1 hora. Transfiera los pimientos a un plato para servir tibio. Mezcle la harina de maíz, la salsa de soja y el agua hasta obtener una pasta, revuelva en la sartén y deje hervir. Cocine a fuego lento, revolviendo, hasta que la salsa se aclare y espese. Vierta sobre los pimientos y sirva de una vez.

Patatas y zanahorias fritas

Para 4 personas

2 zanahorias, cortadas en cubitos

450 g / 1 libra de papas

15 ml / 1 cucharada de harina de maíz (maicena)

aceite para freír

30 ml / 2 cucharadas de aceite de cacahuete

5 ml / 1 cucharadita de sal

15 ml / 1 cucharada de vino de arroz o jerez seco

120 ml / 4 fl oz / ½ taza de caldo de pollo

5 ml / 1 cucharadita de azúcar

5 ml / 1 cucharadita de salsa de soja

Escaldar las zanahorias en agua hirviendo durante 3 minutos y luego escurrir. Cortar las patatas en patatas fritas y espolvorearlas con un poco de maicena. Calentar el aceite y freír hasta que esté crujiente y luego escurrir. Calentar el aceite y la sal y sofreír las zanahorias hasta que estén cubiertas de aceite. Agregue el vino o jerez y el caldo, lleve a ebullición, tape y cocine a fuego lento durante 2 minutos. Licúa el resto de la harina de maíz hasta obtener una pasta con el azúcar y la salsa de soja. Revuelva en la sartén y cocine a fuego lento, revolviendo, hasta que la salsa espese. Agrega las papas y recalienta. Sirva de una vez.

Salteado De Patatas

Para 4 personas

350 g de papas, peladas y cortadas en palitos de fósforo

30 ml / 2 cucharadas de aceite de cacahuete

1 diente de ajo machacado

3 cebolletas (cebolletas), picadas

15 ml / 1 cucharada de salsa de soja

5 ml / 1 cucharadita de vinagre de vino

sal y pimienta recién molida

Escaldar las patatas en agua hirviendo durante 20 segundos y escurrir. Calentar el aceite y sofreír los ajos y las cebolletas hasta que estén ligeramente dorados. Agrega las patatas y sofríe durante 2 minutos. Agrega la salsa de soja y el vinagre de vino y sazona al gusto con sal y pimienta. Freír durante unos minutos hasta que las patatas estén cocidas y ligeramente doradas.

Patatas Con Especias

Para 4 personas

30 ml / 2 cucharadas de aceite de cacahuete

350 g / 12 oz de papas, peladas y cortadas en cubitos

1 diente de ajo machacado

2,5 ml / ½ cucharadita de sal

2 cebolletas (cebolletas), picadas

2 chiles secos, sin semillas y picados

Calentar el aceite y freír las patatas hasta que estén ligeramente doradas. Sácalos de la sartén. Recalentar el aceite y sofreír el ajo, la sal, las cebolletas y los chiles hasta que estén ligeramente dorados. Regrese las papas a la sartén y saltee hasta que estén cocidas.

Calabaza con Fideos de Arroz

Para 4 personas

350 g / 12 oz de fideos de arroz

15 ml / 1 cucharada de aceite de cacahuete

2 cebolletas (cebolletas), en rodajas

225 g / 8 oz de calabaza, en cubos

250 ml / 8 fl oz / 1 taza de caldo de pollo

2,5 ml / ½ cucharadita de azúcar

sal y pimienta recién molida

100 g / 4 oz de gambas peladas

Escaldar los fideos en agua hirviendo durante 2 minutos y luego escurrir. Calentar el aceite y sofreír las cebolletas durante 30 segundos. Agrega la calabaza y sofríe durante 1 minuto. Agregue el caldo y los fideos, lleve a ebullición y cocine a fuego lento, sin tapar, durante unos 5 minutos hasta que la calabaza esté casi cocida. Agrega el azúcar y sazona con sal y pimienta. Cocine a fuego lento durante unos 10 minutos hasta que los fideos estén tiernos y el líquido se haya reducido ligeramente. Agrega las gambas y calienta antes de servir.

Chalotes en cerveza de malta

Para 4 personas

15 ml / 1 cucharada de aceite de nuez

450 g / 1 libra de chalotes

10 ml / 2 cucharaditas de azúcar morena

5 ml / 1 cucharadita de granos de pimienta roja

250 ml / 8 fl oz / 1 taza de cerveza de malta

45 ml / 3 cucharadas de vinagre balsámico

sal y pimienta recién molida

2,5 ml / ½ cucharadita de pimentón

1 lechuga de cordero

Calentar el aceite y sofreír las chalotas hasta que estén doradas. Agrega el azúcar y sofríe hasta que esté transparente. Agregue los granos de pimienta, la cerveza y el vinagre balsámico y cocine a fuego lento durante 1 minuto. Condimente con sal, pimienta y pimentón. Coloque las hojas de lechuga alrededor del borde de un plato para servir caliente y coloque las chalotas en el centro.

Espinaca con Ajo

Para 4 personas

30 ml / 2 cucharadas de aceite de cacahuete

450 g / 1 lb de hojas de espinaca

2,5 ml / ½ cucharadita de sal

3 dientes de ajo machacados

15 ml / 1 cucharada de salsa de soja

Calentar el aceite, agregar la espinaca y la sal y sofreír durante 3 minutos hasta que la espinaca comience a marchitarse. Agrega el ajo y la salsa de soja y sofríe durante 3 minutos antes de servir.

CPSIA information can be obtained
at www.ICGtesting.com
Printed in the USA
LVHW020223010522
717630LV00014B/757

9 781804 506110